本书感谢国家自然科学基金项目"审计师工作压力与审计质量：基于个体感知视角的研究（71662021）"、江西省高校人文社会科学研究青年项目"团队协同视阈下审计任期动态管理行为及结果研究（JJ19217）"的资助。

公司战略与财务决策

基于审计治理视角

CORPORATE STRATEGY
AND FINANCE DECISIONS

BASED ON THE PERSPECTIVE OF
AUDIT GOVERNANCE

闫焕民　李瑞婷　著

社会科学文献出版社
SOCIAL SCIENCES ACADEMIC PRESS (CHINA)

摘　要

公司战略作为全局性的长远规划，是公司经营决策的基础和起点，自然会影响公司财务决策。公司战略如何影响公司财务行为及其结果，逐渐成为公司财务学研究领域的热点话题。比如：公司战略对绩效考核、税收策略、投资效率的影响。自然地，税收策略、会计信息披露以及外部审计需求作为公司财务决策行为的重要表现亦会受到公司战略定位的影响。那么，公司战略究竟如何影响避税决策，不同战略定位的公司倾向于采取何种避税策略？公司战略又如何影响会计信息披露决策，不同战略定位的公司倾向于提高公司会计稳健性还是降低会计稳健性？管理层是否会出于公司战略定位的特殊需要而"未雨绸缪"，在选聘审计师时表现出特殊偏好，以便迎合自身战略需要？针对这些困扰实务界的疑团，学界研究才刚刚开始。在公司战略影响财务决策行为的作用链条中，独立审计作为公司外部治理的重要机制之一，能否发挥审计应有的治理效应，其约束机制又是怎样的？目前对这方面的研究不足，亦无定论。

鉴于此，本书首先在回顾相关文献的基础上，阐述公司战略定位对公司财务决策产生影响的作用机理，分析这一作用过程的影响因素及约束条件，进而构建公司战略定位与公司财务决策关系的理论原型。然后，将这一理论原型嵌入我国特定的审计市场环境及法律制度背景，进而得到基于我国特定经济环境和制度背景的公司战略定位与公司财务决策之间关系的检验模型。最后，根据上述理论原型与检验模型，选取2009~2016年沪深A股上市公司数据，同时结合上市公司披露的签字审计师信息，系统考察公司战略定位如何影响避税决策、会计信息披露决策、外部审计需求的路径选择以及外部审计的治理效应，预期能够深化公司财务决策行为机理研究。同时，厘清外部审计参与公司治理的作用路径及其约束机制，提高审计治理效率。

　　本研究具有一定的政策意义：其一，会计师事务所作为公司审计业务的承接单位，应根据被审公司的战略定位合理配置审计师资源，尤其是针对战略激进的公司，应分配行业审计专家，有效控制审计风险，提高公司会计信息质量；其二，签字审计师作为审计业务的实际执行者和主要责任人，应重视个人行业经验积累，培育个人行业专长，发挥审计专家作用；其三，证监会及中国注册会计师协会等作为监管部门应通过完善和宣传相关法律等措施，引导和鼓励会计师事务所加强行业专用性投资，激励其培育具备行业专长优势的审计人才，健全审计人员培养和培训体系，建立审计专家人才库和后备军，促进审计行业长期、稳定发展。

Abstract

As a comprehensive long-term plan, the company's strategy is the basis and starting point of the company's business decision-making, which will naturally affect the company's financial decisions. It can be seen that how the company's strategy affects the company's financial behavior and its results has gradually become a hot topic in the field of corporate finance research, such as the impact of corporate strategy on performance appraisal, taxation strategy, and investment efficiency. Naturally, tax strategy, accounting information disclosure, and external auditing requirements as an important performance of a company's financial decision-making behavior will also be affected by the company's strategic positioning. So, how does the company's strategy affect tax avoidance decisions, and companies with different strategic orientations tend to what kind of tax avoidance strategy? How does corporate strategy affect accounting information disclosure decisions, and companies with different strategic orientations tend to improve corporate accounting robustness or reduce accounting robustness? Will management be "precautionary" for the special needs of the company's strategic positioning, and show special "preferences" when selecting auditors to "meet" their own strategic needs? In response to these doubts that have plagued the practice community, academic research has begun. However, in the role chain of corporate strategy affecting financial decision-making behavior, independent auditing, as one of the important mechanisms of corporate external governance, can play the governance effect of auditing, and what is its constraint mechanism? At present, this research is still insufficient and there is no conclusion.

In this view, the book firstly explains the mechanism of the company's strategic positioning on the company's financial decision-making based on the review of related literatures, analyzes the influencing factors and constraints of this process, and then build the theoretical prototype of the relationship between the company's strategic positioning and the company's financial decision-making. Then, this theoretical prototype is embedded into China's specific audit market environment and legal system background, and then the test model of the relationship between corporate strategic positioning and corporate financial decision based on China's specific economic environment and institutional background is obtained. Finally, according to the above theoretical prototype and test model, the data of Shanghai and Shenzhen A-share listed companies from 2009 to 2016 are selected. At the same time, combined with the information of the signed auditors disclosed by listed companies in China, systematically examine how the strategic positioning of the company affects tax avoidance decisions, the decision-making of information disclosure, the path selection of external auditing requirements and the governance effect of external auditing. This study is expected to deepen the research on the mechanism of corporate financial decision-making behavior. At the same time, at the level of auditor's individual behavior, the study can clarify the role of external auditing in corporate governance and its constraint mechanism and improve the efficiency of audit management.

To be specific, the research of this book has certain policy significance: First, as the undertaking unit of the company's auditing business, the accounting firm should reasonably allocate auditor resources according to the strategic positioning of the company being audited. Especially for strategically aggressive companies, accounting firms should assign audit experts to these companies to effectively control audit risks and improve the quality of accounting information of enterprises; Secondly, as the actual implementer and main responsible person of the auditing business, the signing auditor should pay attention to the accumulation of personal industry experience, cultivate personal industry expertise, and play the role of auditing experts; Thirdly, as the supervisory authority, China Securities Regulatory Commission and China Institute of Certified Public Accountants should guide and encourage accountants to strengthen industry-specific investment by improving and publicizing relevant laws and other measures, and encourage them to develop audit talents with industry expertise and improve auditor training and training systems. In addition, it should establish an auditor talent pool and reserve army to promote long-term and stable development of the audit industry.

目录 CONTENTS

第一章　绪论 …… 001
　第一节　审计治理：公司战略研究中一个新视角 …… 001
　第二节　新研究视角下的问题探究 …… 003
　第三节　问题探究思路与方法 …… 006
　第四节　研究创新与不足 …… 008

第二章　财务决策与审计治理文献综述 …… 011
　第一节　公司避税行为决策研究 …… 011
　第二节　会计信息披露决策行为研究 …… 014
　第三节　审计师选聘策略研究 …… 015
　第四节　文献评述 …… 017

第三章　公司战略与财务决策的理论概述 …… 020
　第一节　基本概念的界定 …… 020
　第二节　公司战略与财务决策之间关系的理论依据 …… 029

第四章　公司战略与避税行为：基于审计治理视角 …… 033
　第一节　理论分析与假设提出 …… 034

第二节　变量界定与模型构建 …………………………………… 039
　　第三节　实证分析 ………………………………………………… 044
　　第四节　稳健性分析 ……………………………………………… 054
　　第五节　拓展分析 ………………………………………………… 075
　　第六节　本章小结 ………………………………………………… 101

第五章　公司战略与会计稳健性：外部审计的治理效应 ……… 102
　　第一节　理论分析与假设提出 …………………………………… 103
　　第二节　变量界定与模型构建 …………………………………… 106
　　第三节　实证分析 ………………………………………………… 109
　　第四节　稳健性分析 ……………………………………………… 119
　　第五节　拓展分析 ………………………………………………… 130
　　第六节　本章小结 ………………………………………………… 145

第六章　公司战略与外部审计需求：基于迎合理论视角 ……… 146
　　第一节　理论分析与假设提出 …………………………………… 146
　　第二节　变量界定与模型构建 …………………………………… 151
　　第三节　实证分析 ………………………………………………… 155
　　第四节　稳健性分析 ……………………………………………… 166
　　第五节　拓展分析 ………………………………………………… 174
　　第六节　本章小结 ………………………………………………… 187

第七章　研究结论及政策建议 …………………………………… 189
　　第一节　研究结论与展望 ………………………………………… 189
　　第二节　政策建议 ………………………………………………… 193

参考文献 ……………………………………………………………… 201

致　谢 ………………………………………………………………… 213

Contents

1 **Introduction** 001
   1.1 Audit Governance: A New Perspective in Corporate Strategy Research 001
   1.2 Exploration of Problems from the Perspective of New Research 003
   1.3 Research Mentality and Method 006
   1.4 Research Innovation and Disadvantage 008

2 **Literature Review** 011
   2.1 Research on Corporate Tax Avoidance 011
   2.2 Research on Accounting Information Disclosure Decision-making Behavior 014
   2.3 Research on Selection of Auditors 015
   2.4 Literature Review 017

3 **The Theoretical Overview of Corporate Strategy and Financial Decision-making** 020
   3.1 The Definition of Basic Concepts 020

3.2　The Theoretical Basis of the Relationship between Company Strategy and Financial Decision-making ·················· 029

4　Company Strategy and Tax Avoidance: From the Perspective of Audit Governance ·················· 033
4.1　Theoretical Analysis and Hypothesis Development ·········· 034
4.2　Variables Definition and Model Building ·················· 039
4.3　Empirical Analysis ·················· 044
4.4　Robustness Analysis ·················· 054
4.5　Expand Analysis ·················· 075
4.6　Brief Summaries ·················· 101

5　Corporate Strategy and Accounting Robustness: Governance Effects of External Audits ·················· 102
5.1　Theoretical Analysis and Hypothesis Development ·········· 103
5.2　Variables Definition and Model Building ·················· 106
5.3　Empirical Analysis ·················· 109
5.4　Robust Analysis ·················· 119
5.5　Expand Analysis ·················· 130
5.6　Brief Summaries ·················· 145

6　Company Strategy and External Audit Demand Preferences: Based on Catering Theory Perspective ·················· 146
6.1　Theoretical Analysis and Hypothesis Development ·········· 146
6.2　Variables Definition and Model Building ·················· 151
6.3　Empirical Analysis and Results Description ·················· 155
6.4　Robustness Analysis ·················· 166

6.5 Expand Analysis ········· 174
6.6 Brief Summaries ········· 187

7 Research Conclusions and Policy Recommendations ········· 189
7.1 Research Conclusions and Prospect ········· 189
7.2 Policy Recommendations ········· 193

References ········· 201

Acknowledgements ········· 213

第一章

绪 论

第一节 审计治理：公司战略研究中一个新视角

(一) 研究缘起

公司战略作为全局性的长远规划，决定着公司的经营模式与财务目标。近年来，公司战略定位如何影响财务决策行为及其后果逐渐成为公司财务学研究领域的一个重要分支，并取得了一些新的研究成果（Ittner et al., 1997; Collins et al., 1997; Bentley et al., 2013; 叶康涛等，2015; Higgins et al., 2015; 刘行，2016; 王化成等，2016; 孙健等，2016）。然而，人们在探究"公司战略→财务决策"这一作用链条及影响后果时，仍忽视了一个重要的问题：理论上，独立审计作为公司外部治理机制的重要一环，能否对不同战略定位下公司管理层的财务决策行为发挥审计治理作用？相应地，公司管理层是否会出于公司战略定位的特殊需要而"未雨绸缪"，通过选聘具备特质的审计师达成预期的战略目标？鉴于此，本书基于审计治理视角，系统考察公司战略如何影响财务决策行为以及外部审计的治理效应，尝试厘清上述问题，丰富该领域的研究成果。

（二）研究意义

鉴于对公司战略与财务决策之相关关系展开研究的理论与现实需要，本书基于审计治理视角，结合我国特定证券市场环境及制度背景，考察公司战略定位差异对公司避税行为决策、会计信息披露决策的影响，同时在公司战略定位对财务决策的作用链条中，考察外部审计治理作用的发挥及公司针对外部审计治理而体现出的审计师选聘策略。具体而言，本书的研究意义主要包括以下3个方面。

第一，将公司战略对财务决策的影响研究拓展到审计治理的视角之下，系统检验了公司战略定位如何影响公司的避税行为决策、会计信息披露决策，不仅提供了外部审计参与公司财务治理的经验证据，而且拓展了公司财务行为领域的文献成果，为未来深入研究公司战略对财务决策的影响提供文献参考与经验启示。

第二，本书基于外部审计治理角度，从客户公司、会计师事务所及审计师个体3个维度出发，系统地考察了审计治理效应的内外部约束机制。研究发现在公司战略影响财务决策的作用链条中，审计治理效应的发挥受到客户公司层面特征（比如客户的重要性程度、客户公司的产权性质和"新老"客户关系等特征）、事务所层面特征（比如事务所轮换制度、声誉和行业专长等特征）和审计师个体特征（比如审计师性别差异、年龄差异和职务差异等特征）的影响，这对外部审计如何高效参与公司治理具有重要的理论价值和实践意义。

第三，本研究具有一定的政策意义。其一，会计师事务所作为公司审计业务的承接单位，应根据被审计公司的战略定位情况合理配置审计师资源，尤其是针对战略激进的公司，应分配具备行业专长的审计专家，有效控制审计风险，提高审计监督效率，提高公司会计信息质量。其二，签字审计师作为审计业务的实际执行者和主要责任人，应重视个人行业经验积累，培育个人行业专长，努力成为某一领域的行业专家。其三，证监会及中国注册会计师协会等作为监管部门，应积极引导会计师事务所培育行业专长。一方面，可以有导向性地、分批次地培养具备行业专长优势的审计人才，逐步建立审计专家人才库，积极发挥审计专家的监督职能，提高审计服务质量，助力经济社会发展；另一方面，在现有"五年强制轮换"制度的基础上，应考虑审计师"非连续"任期的累计可能产生的独立性干扰效应，进一步完善审计轮换制度，确保审计监督职能的高效发挥。

总之，公司战略定位不同，其经营特点往往存在较大差异，公司财务活动自然也会受其影响。公司避税行为决策、会计信息披露决策作为典型的公司财务决策行为，直接关系到公司财务报告的质量，进而影响到借助这些财务信息进行判断与决策的广大投资者的切身利益。而独立审计作为公司外部治理机制的重要一环，能否发挥积极的外部监督作用，亦是理论与现实研究中的困惑。故而，上述现实问题都是十分重要且亟须解答的。而且，我国是少数披露签字注册会计师信息的国家（地区）之一，广大财务学者有条件且有必要开展这方面的研究。简言之，结合我国当前审计市场环境及制度背景，基于审计治理视角研究公司战略如何影响公司财务决策是十分必要且具有重要现实价值的。

第二节 新研究视角下的问题探究

（一）预期研究目标

本书基于审计治理角度研究公司战略定位对财务决策的影响，

预期达到以下两个研究目标。

第一，在理论分析公司战略定位对公司财务决策作用机理的基础上，将公司战略定位进行战略指标测度和战略类型划分，系统地分析并实证检验公司战略定位的差异对公司避税行为决策、会计信息披露决策的影响路径和影响结果。进一步，基于审计治理视角，从客户公司、会计师事务所和审计师个体3个维度出发，分析外部审计治理作用的发挥以及公司针对外部审计而实施的选聘策略，以期有助于会计信息使用者更加准确地解读公司财务行为和保护自身权益。

第二，在总结理论分析及实证检验结果的基础上，结合目前我国特定的经济环境与制度背景，为注册会计师执业活动相关的监管政策及制度的设计与完善提供相关的参考意见与建议，进而有助于监管部门逐步完善我国注册会计师执业活动监管制度，保证注册会计师的职业服务在正确的轨道上高效运行，最终保障注册会计师审计的执业质量及其职业使命的完成。

（二）本书研究框架

本书主要围绕公司战略定位、公司财务决策和外部审计治理3个基本层面展开，具体内容如图1.1所示。

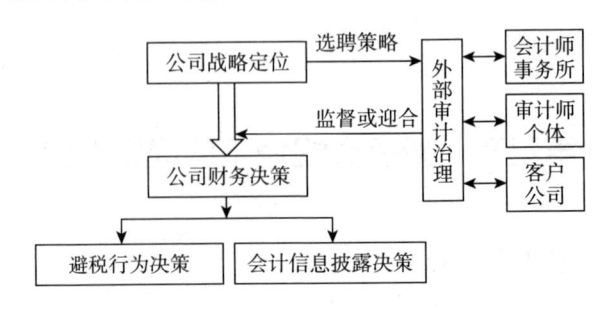

图 1.1 本书研究结构

首先，对国内外相关研究成果的梳理与对研究现状的分析。关于公司战略定位对公司财务决策的影响，国内外学者进行了较为丰富的研究，并取得了相应的学术成果，为本书的研究提供了很好的指示与引领作用，同时也提供了文献支持和研究思路支持。但是，综观现有研究成果，尚未有学者基于审计治理角度对公司战略定位与公司财务决策行为的关系进行剖析和解读，为本书的研究留下空间。

其次，公司战略定位对公司财务决策具体行为的影响。关于公司战略定位对公司财务决策行为的影响，本书选取了避税行为决策和会计信息披露决策两个主要方面进行研究，理论分析公司战略定位差异所产生的一系列经济行为对公司财务决策可能造成的影响。然后，对样本公司的战略定位采用指标的方式进行量化，构建合理的检验模型，利用大样本档案数据进行实证分析，得出公司战略定位与财务决策之间关系的结论。

再次，外部审计治理对公司战略定位与财务决策行为的影响。选取会计师事务所、审计师个体和客户公司3个层面作为外部审计治理的基本切入点，理论分析外部审计这3个代表层面对公司战略定位与公司财务决策可能产生的影响。然后，对这些层面逐一进行科学的量化并构建合理的检验模型，利用大样本档案数据进行实证分析，得出个体执业特征与审计质量之间关系的研究结论。

最后，汇总本书研究结论，结合我国新兴资本市场的特点和注册会计师审计行业的监管法规，对我国注册会计师审计行业发展和行业监管政策及制度的设计与完善，提出符合我国经济、制度环境及审计实践的意见与建议。

第三节 问题探究思路与方法

（一）研究思路

本书采用归纳、演绎与总结等方法进行基本理论分析，在此基础上，运用数据分析、模型检验等方法进行实证研究，基于审计治理视角多维度地检验公司战略定位与公司财务决策之间的关系。具体研究技术路线如图1.2所示。

具体研究思路是：在文献回顾的基础上，首先，理论阐述公司战略定位对公司财务决策的作用机理，分析这一作用过程的影响因素及约束条件，进而构建公司战略定位与公司财务决策之间关系的理论原型；然后，纳入外部审计治理因素，从会计师事务所、审计师个体和客户公司3个层面考察外部审计治理对"公司战略→财务决策"这一路径所产生的影响和调节作用；进一步，针对外部审计治理的存在，对公司管理层根据公司战略定位需求而选择的选聘策略进行分析；再者，将此原型嵌入我国的审计市场环境及制度背景，得到基于我国特定经济环境和制度背景的公司战略定位与公司财务决策之间关系的检验模型；最后，根据上述理论原型与检验模型进行理论演绎和实证检验，最终形成具体的研究结论，提出相关政策建议。

（二）研究方法

本书运用的研究方法主要包括文献研究法、演绎推理法及实证检验法。

第一，文献研究法。文献研究法是目前学者开展研究最常用的

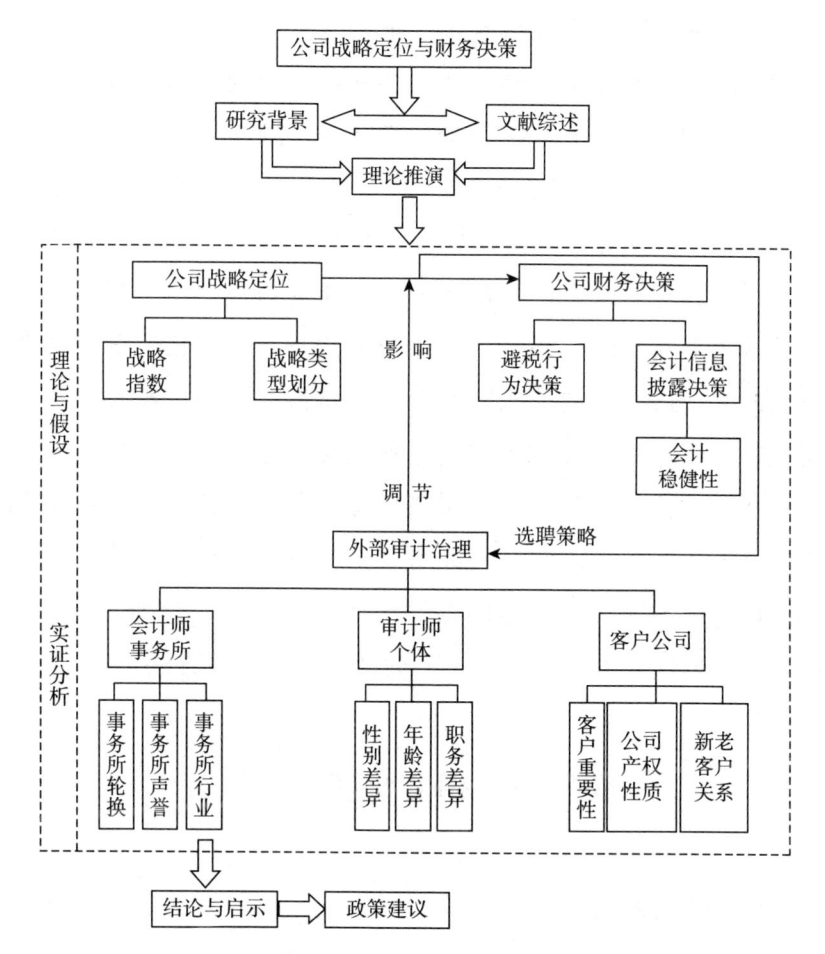

图 1.2　本书研究技术路线

科学研究方法之一,能够使研究人员更好地了解并熟知与研究主题相关的国内外研究成果,掌握最新研究动态,进而发掘可能存在的研究不足或研究盲点,找到仍需进一步研究的方向。

第二,演绎推理法。演绎推理法是依照反映事物客观规律的相关理论知识,由事物的已知部分推断未知部分的一种思维方法。在本研究中,主要采用假说演绎推理的方式,基于声誉理论、理性经济人理论、深口袋理论等研究理论,探求审计治理角度下公司战略定位对公司财务决策产生影响的可能路径或方式，以及迎合理论视角下公司战略对外部审计需求产生影响的可能路径或方式，合理推断在审计治理视角下，公司战略定位与公司财务决策之间的关系，进而提出相应的研究假说。

第三，实证检验法。实证检验法是通过构建数学检验模型并进行经验数据分析，以支持或推翻相关的研究假说。本书以我国上市公司及其主审签字的注册会计师为研究样本，借鉴已有的国内外优秀研究成果，选择合理的研究变量并构建恰当的数学模型，分别对公司战略定位与避税行为决策之间的相关关系、公司战略定位与会计稳健性之间的相关关系和公司战略定位与审计师选聘之间的相关关系进行统计分析，研究公司战略对财务决策产生的实质影响以及公司战略定位不同所体现出的外部审计需求差异。此外，为保证研究结论的稳健性，本书还采用了稳健性测试等检验方法。

第四节　研究创新与不足

（一）研究创新

本研究的创新点主要体现在研究视角、研究内容与研究结论3个方面。

第一，新颖的研究视角。公司战略对公司财务决策的影响是近年来广泛受到关注的研究话题之一，已有文献从过度投资、税收激进度和会计稳健性等角度探索了公司战略定位对公司财务决策的影响，却忽视了外部审计治理的作用。独立审计作为外部治理的重要机制之一，必然会发挥重要的审计治理效应，影响公司战略定位与公司财务决策之间的关系。故本书基于外部审计治理这一新颖视角探求公司战略定位对公司财务决策影响的路径选择，弥补了现有文献的不足。此外，本研究还提供了外部审计参与公司财务治理的经验证据，拓展了财务行为研究领域的文献成果。

第二，丰富的研究内容。审计师作为资本市场最重要的信息中介之一，起到了提高信息质量、降低信息不对称程度和提高资源配置效率的重要作用。不同于以往研究，本书从客户公司、会计师事务所及审计师个体3个维度，系统地考察了审计师监督效应的约束机制，发现审计治理效应的发挥受上述3个维度的制约。对此重要内容的研究有助于厘清外部审计参与公司治理的作用机理，对外部审计如何高效参与公司治理具有一定的理论价值和实践意义，为此类问题的后续研究提供了更具体、更完整的逻辑思路与经验证据。

第三，重要的研究结论。本书基于审计治理视角系统检验了公司战略定位如何影响公司财务决策，拓展了公司财务行为研究领域的文献成果，提供了源自中国新兴资本市场的经验证据，同时本研究具有一定的政策意义。

（二）研究不足

限于篇幅及个人研究能力，本研究尚存在一些不足之处或局限性，具体如下。

第一，关于公司战略的测度，本书采用的是 Bentley 等（2013）、Higgins 等（2015）及刘行（2016）的研究方法，这种度量方法可能存在度量噪声。若能采用相对外生的一系列非财务数据构建公司战略指数，比如公司董事会会议内容的"基调"、公司高管风格等，预期能够降低噪声，更好地缓解内生性问题。

第二，本书将签字注册会计师个人的审计经验和行业专长作为审计专家的测量方式，并以此为外部审计治理的切入点，考察审计专家外部审计治理的监督效果。然而，注册会计师审计执业活动是一项非常复杂的脑力兼体力活动，在这一系列的行为活动过程中所表现出来的个体执业经验和专长也是多方面、多层次的，有的专长经验是可观测、可度量的，而有的专长经验是不可观测或难以度量的。这些审计师专长经验无法在本书研究中悉数展现出来，但是它们都有可能会对注册会计师造成或多或少的影响，进而影响最终的审计专家水平测度。

第三，本研究主要分析了公司所得税避税行为，未探讨增值税等流转税避税行为，这也是目前我国公司避税研究领域普遍存在的不足。总之，上述问题可能是未来值得深入挖掘和探索的方向，预期能够不断丰富公司战略领域的研究成果。

第二章
财务决策与审计治理文献综述

公司战略作为全局性的长远规划,是公司经营决策的基础和起点,自然会影响公司财务决策(王化成等,2011;刘行,2016)。关于公司战略如何影响公司财务行为及其决策逐渐成为财务学研究领域的热点话题,并且现有国内外诸多学者研究发现,公司战略对绩效考核、税收策略、投资效率以及财务信息披露等方面存在显著影响(Collins et al.,1997;Ittner et al.,1997;Bentley et al.,2013;Higgins et al.,2015;王化成等,2016)。与之类似,避税行为决策、会计信息披露决策等均属于公司经营层面的重要财务决策。那么,一个自然的问题是:公司战略究竟如何影响公司财务决策行为?针对这些困扰实务界的疑团,学界研究刚刚开始。鉴于此,为保证本书研究问题的明晰性,并结合本书研究的主题内容,对公司战略如何影响公司避税行为决策、会计信息披露决策以及与公司经营相关的重要财务决策问题进行文献梳理。

第一节 公司避税行为决策研究

随着世界经济一体化的快速发展,通过各种避税策略降低实际税负来提升经济效益似乎已成为全球公司在激烈竞争环境中谋求发展的现实选择（代彬等，2016）。因此，公司避税行为及其结果引起了中外理论界与实务界的高度重视与广泛讨论。在早期，关于公司避税问题的研究大多着眼于公司内部资源禀赋方面，重点关注公司规模（Zimmerman，1983）、资本结构（Stickney and Mcgee，1982）、资本密集度（Adhikari et al.，2006）以及盈利能力（Rego，2003）等公司财务特征与公司避税行为之间的关系。近年来，部分学者考虑到现代公司"两权分离"的特征，尝试从"代理观"视角解读公司避税行为，认为管理者实施复杂避税行为并非单纯为了替股东节省税费支出，更可能是利用避税交易的复杂性及隐蔽性为其掠夺股东财富披上"合法外衣"（Desai and Dharmapala，2006）。在"代理观"的理论指导下，现有研究以避税活动会加剧信息不对称和滋生代理问题为基础，从公司治理视角对避税行为的影响机制及效果进行了深入探讨，主要涉及公司所有权结构（吴联生，2009；Chen et al.，2010）、董事会特征（Dyreng et al.，2010；谭雪、杜兴强，2015）、高管薪酬激励机制（Desai and Dharmapala，2006）、内部控制（陈骏、徐玉德，2015）、高管权力（Issam and Raffaele，2014）、董事会结构（李成等，2016）、审计委员会（王雄，2018）等公司内部治理结构对公司避税程度的影响。此类研究大多表明，在激励及约束机制较弱的治理情境下，避税手段更易为管理者攫取私人利益提供"掩护"（代彬等，2016），而较为完善的内部治理则能有效地约束管理者激进的避税行为（Chen，2005）。

不同的是，基于中国资本市场背景下的公司避税行为研究认为，我国"新兴+转轨"的市场经济特点使得公司经营行为难免受到诸多宏观政策与制度因素的影响（金鑫、雷光勇，2011）。因此，诸多学者将宏观层面的地区税收竞争与监管（范子英、田彬彬，2013）、制度环境（刘慧龙、吴联生，2014）、金融发展（刘行、叶康涛，2014）以及政策不确定性（陈德球等，2016）等宏观经济因素嵌入微观的公司避税行为研究中，获得了一些新的发现与结论。比如，地方税务机关执法不严是造成公司大范围且大规模避税的重要原因（范子英、田彬彬，2013）。在我国法律制度尚不完善或执行效果仍不理想的现实背景下，高质量审计作为替代机制在监督和制约公司激进避税活动上发挥着重要作用（金鑫、雷光勇，2011）。随后，有学者考察了会计师事务所行业审计专长对公司避税行为的治理作用，具备行业审计专长的事务所拥有更强的专业判断能力和更高的审计效率，能更有效地识别并抑制公司避税行为（谭雪、杜兴强，2015）。然而，由于对事务所行业审计专长的界定标准不同，魏春燕（2014）得出了相反的研究结论：具有行业审计专长的事务所对客户所在行业的税收法规和政策更为了解，能凭借自身丰富的税务经验帮助公司制定更优的避税策略，对公司避税行为表现出迎合效应。

近年来，基于战略管理视角的研究发现，公司战略定位会影响公司财务决策（叶康涛等，2015；王化成等，2016），自然也包括公司避税策略，战略激进的公司通常会采取激进的税收规避策略（Higgins et al.，2015）。此外，代彬等（2016）将公司对重要客户或供应商的依赖视为一种风险型商业战略，发现公司与客户或供应商关系型交易比重越大，公司避税程度越高，说明公司避税行为会受到商业战略的影响。总之，新近研究表明，公司战略作为全局性长远规划，会影响公司的避税行为策略。然而遗憾的是，关于公司战略性避税行为是否存在有效的约束机制，以保障税收征管效率，目前仍知之甚少。鉴于此，本研究基于外部审计视角，立足审计业务的实际执行者——审计师个体层面，探讨具备行业财税知识专长的审计专家对公司战略性避税行为的调节作用机理,这有助于发掘公司战略性避税行为的外部约束机制,对税收监管部门的政策制定与优化亦具有参考价值。

第二节　会计信息披露决策行为研究

会计稳健性是会计确认和计量的一项重要原则,Basu(1997)将其定义为会计盈余确认坏消息比好消息更及时。综观中外已有文献,目前关于会计稳健性问题的文献研究主要包含以下3个方面。

其一,关于会计稳健性的需求研究。Watts(2003)认为契约、法律、税收及管制的存在决定了公司对会计稳健性的需求,其中基于契约动因解释会计稳健性需求的研究较多,主要包括债务契约和薪酬契约,比如公司债务水平(Nikolaev,2010)、高管薪酬激励(张娟、黄志忠,2014)均会决定公司是否采取稳健的会计政策。此外,法律诉讼(祝继高,2011)、税负水平(周泽将、杜兴强,2012)以及政府管制(陈旭东、黄登仕,2006)均是驱动会计稳健性的重要原因。

其二,关于会计稳健性的影响因素研究。一方面,从公司内部治理结构的视角展开研究。例如,股权结构(Cullinan et al.,2012)、管理层持股比例(Lafond and Roychowdhury,2008)、董事会特征(Yunos et al.,2014)、管理层异质性(任汝娟等,2016)、审计委员会独立性(Sultana,2015)以及机构投资者持股比例(Lin et al.,2014)等公司治理结构特征均会不同程度地影响会计稳健性。另一方面,从公司外部治理的视角展开研究。比如,已有学者关注审计行业专长(梅丹、高强,2016)、审计师变更(耿慧敏、武杏杏,2016)及审计师个体异质性(罗春华等,2014)对会计稳健性的影响。

其三，关于会计稳健性的经济后果研究。这类研究主要关注会计稳健性给公司投资效率（Kim and Zhang，2016）、融资决策（LaFond and Watts，2008）及盈余管理水平（Bushman et al.，2011）等方面带来的经济后果。公司战略及其影响是目前公司财务研究领域的新兴话题，已有研究主要集中在公司战略对公司经营活动（Tang et al.，2011）、融资活动（李志刚、施先旺，2016）、盈余管理（孙健等，2016）、股价崩盘风险（Habib and Hasan，2017）等方面的影响。近年来，少数学者关注到公司战略对会计信息特征的作用。如刘行（2016）研究发现，公司战略类型越倾向于探索型时会计稳健性越低，越倾向于保守型时会计稳健性越高；罗忠莲、田兆丰（2018）研究发现公司战略差异会影响会计信息可比性，但高质量审计对两者的关系具有调节作用。

第三节 审计师选聘策略研究

审计师选聘是公司的一项重要财务决策，吸引了投资者、监管者甚至社会媒体等市场多方参与者的共同关注。因此，审计师选聘行为的影响因素一直是学术界与实务界共同关注的热点话题。综观中外已有文献，关于审计师选聘行为影响因素的研究文献可谓汗牛充栋，但归纳之，大致是从公司内部与公司外部两个层面展开的。

其一，基于公司内部层面的研究。在公司基本特征方面，公司规模是影响审计师选聘的最重要因素之一（Johnson and Lys，1990），规模较大的公司往往选聘较大型事务所（肖小凤、唐红，2010）；公司内部控制也是影响审计师选聘的重要因素，内部控制质量越低，越容易诱发审计师变更，在变更审计师的公司中，公司内部控制质量与高质量审计需求呈现倒 U 形关系（方红星、刘丹，2013）。在管理层特征方面，作为公司的直接决策者，管理层权力的大小会影响审计师选聘决策，比如管理者权力越大，越偏好于选聘低质量的审计师（罗明琦、赵环，2014）。为抑制管理层权力的膨胀，公司治理层也可能改聘高质量的外部审计师（谢盛纹等，2015）。在董事会特征方面，一方面，在股东大会经常"缺位"的情况下，董事会作为公司组织架构下实际意义上的最高决策层，直接决定着审计师选聘策略，比如董事会成员的国际化程度越高，越可能聘请高质量审计师（杜兴强、谭雪，2016），董事会性别多元化也有助于提高公司对高质量审计的需求（况学文、陈俊，2011）；另一方面，独立董事作为公司内部治理的一项重要制度安排，在审计师选聘决策中也发挥着重要作用，比如独立董事拥有海外背景（王裕、任杰，2016）或存在政治关联（刘颖斐、陈亮，2015）时，公司更可能聘请高质量的大型事务所。在公司股权结构特征方面，高持股比例下的"角色"差异往往会导致审计需求差异化。比如，当机构投资者的持股比例（Velury et al.，2003）或管理层持股比例很高（DeFond，1992）时，公司更有可能聘请"大所"进行审计，但第一大股东持股比例与外部审计需求呈倒 U 形关系（曾颖、叶康涛，2005）。然而，当公司国有控股比例非常高（Lin and Liu，2009；王成方、刘慧龙，2014）时，公司聘请"大所"的动机大大降低。此外，也有学者研究发现，为了更好地发挥审计的外部治理效应，大股东占款问题越严重的公司越倾向于选聘高质量的外部审计师（高强、伍利娜，2007）。

其二，基于公司外部层面的研究。近年来，媒体监督逐渐成为公司外部治理机制的重要一环。已有学者研究发现，当公司面临媒体负面报道时，公司改善治理现状与改变财务报告的动机更强烈（Joe et al., 2009），更愿意聘请高质量的审计师（戴亦一等，2013）。在投资者及债权人监督方面，已有研究表明，在资本市场上受关注的公司，为建立良好的市场声誉，公司管理层会选聘高声誉"大所"为其提供年报审计服务（Barton, 2005）。投资者与债权人将高声誉"大所"提供的高质量审计服务视为有效的保险机制（Persakis and Iatridis, 2016；刘斌等，2015）。另外，政治关联作为公司拥有的一种特殊外部资源，是当前国内资本市场的常见现象，同样也对审计师选聘策略产生不同程度的影响。比如，存在政治关联的地方国有上市公司更倾向于选择"本地小所"，表现出较强的"地缘偏好"（杜兴强等，2011）。在交通设施方面，近期的研究发现，城市高速列车的开通改善了交通条件，抑制了审计师选聘的"地缘偏好"（杜兴强等，2018）。而且，交通条件改善有助于缓解异地审计师的交通成本问题（Jensen et al., 2015）。

第四节 文献评述

综上可知，关于公司避税行为决策、会计信息披露决策、审计师选聘策略的影响因素，已有文献主要从公司内部、外部等多角度展开探讨并且取得了丰硕的研究成果。近年来，基于战略管理视角的研究发现，公司战略作为全局性的长远规划，是公司经营决策的基础和起点（王化成等，2011），不同战略定位决定了不同的经营模式（叶康涛等，2015），自然也会影响公司避税行为决策、会计信息披露决策、审计师选聘策略。那么，公司战略激进程度究竟如何影响公司避税行为决策、会计信息披露决策以及审计师选聘策略？目前我们对此仍知之甚少。进一步地，在公司战略影响公司财务决策行为的作用链条中，独立审计作为公司外部治理的重要机制之一，应当如何发挥审计应有的治理效应？学界研究付之阙如。

首先，部分学者研究发现，在我国法律制度尚不完善或执行效果仍不理想的现实背景下，高质量审计作为替代机制在监督和制约公司激进避税活动上发挥着重要作用（金鑫、雷光勇，2011）。那么，在公司战略激进程度影响公司避税行为路径的这一作用链条中，作为公司外部治理机制的独立审计能否发挥治理效应？审计治理效应的约束机制又是怎样的？此为尚存疑惑之一。

其次，会计稳健性作为会计信息质量的重要属性之一，对会计理论与实务的发展产生了深远影响（Basu，1997）。近年来基于战略管理视角的研究发现，公司战略作为一种长远发展规划会影响会计信息质量（Dichev et al.，2013），这自然也包括会计信息稳健性。现有学者研究发现，战略定位激进的公司更倾向于采取不稳健的会计政策（刘行，2016），表现出更高的财务舞弊概率（Bentley et al.，2013；孙光国、赵健宇，2014）。那么，一个重要的问题是：在公司战略定位对会计稳健性的作用链条中，是否存在有效的约束机制？在公司外部治理视角下，素有"经济警察"美誉的审计师，能否发挥外部审计应有的监督功能，尤其是具备行业专长的审计专家，能否有效抑制战略激进公司采取的相对不稳健的会计政策，进而提高会计信息质量？此为尚存疑惑之二。

最后，目前鲜有学者探讨公司战略定位与外部审计监督之间的关系，遑论公司战略定位如何影响审计师选聘策略。一个更重要的问题是：从理论上讲，独立审计作为公司外部治理机制的重要一环，会对不同战略定位下公司管理层的会计信息披露等财务决策行为发挥监督作用，那么，公司管理层是否会出于公司战略定位的特殊需要而"未雨绸缪",通过选聘具备特质的审计师来迎合自身需求,从而达成预期的特殊目标?此为尚存疑惑之三。

本书针对以上重要问题的解读,有助于解释公司避税行为决策、会计信息披露决策等诸多财务决策行为的作用机理及其约束机制,对监管部门的政策制定与优化亦具有参考价值。

第三章

公司战略与财务决策的理论概述

第一节 基本概念的界定

本小节的主要内容是公司战略的概念及度量方法、公司避税的概念及度量方法、会计信息稳健性的概念及度量方法,以及审计专家的界定及度量方法。

(一) 公司战略的概念及度量方法

1. 公司战略的概念

"战略"原为军事用语,顾名思义是指"战争的谋略、策略"。目前,战略的概念已经应用于社会经济活动的各个领域,如公司、学校、区域发展、产业发展和国家层面等。本书仅限于对公司战略的探讨(在没有特别界定的情况下,本书所提到的战略即指公司战略)。关于战略的定义,学术界尚未形成统一的认识,但是综合公司战略理论的开创人钱德勒、波士顿咨询公司创始人亨德森、战略大师波特等众多学者的理解,我们可以发现,虽然学者们对公司战略的看法不一,但也存在一些共性的认识。公司战略是对公司长远发展目标和发展方式的全局性谋划，可以帮助公司获取和维持竞争优势，公司战略的核心是对公司目标、经营范围和公司独特之处等一系列要素的选择或定位，能够帮助公司在动态变化的环境中，建立一种动态的适应性，最终帮助公司实现发展目标和发展方式。

随后，在国内外学者的学术研究过程中，公司战略的概念逐渐明晰。Chandler（1962）首次将公司战略定义为"确定公司基本的长期目标，以及为实现这些目标而采取的行动路线和资源分配方式"。在这个基础上，后续学者进一步发展了公司战略的概念，其中一个重要工作就是为公司多样化战略的分类设计一个更精确的系统，从而更好地描述公司现实。比如，Rumelt（1974）基于产品市场的相似性，将公司战略范围划分为单一业务、重点垂直、关联集约、关联扩散和非关联；Miles 和 Snow（1978，2003）等提出可以将公司战略分为探索型、保守型和分析型 3 类；Porter（1980）则提出了"一般性竞争战略"观点，将公司战略分为成本领先和差异化两类；Treacy 和 Wiersema（1995）等提出了 3 种战略类型：卓越的执行体制、产品领导地位和顾客亲密度。这些战略分类都试图构建各自的战略链条，从而较好地将现实中不同的公司进行归类。综合上述公司战略类型与现有学术研究成果，Miles 和 Snow（1978，2003）的分类方式较为典型且被学者广泛引用。一方面，Miles 和 Snow（1978，2003）将其他学者对公司战略的分类包含其中；另一方面，Snow 和 Hrebiniak（1980）、Hambrick（1983）等学者们的经验研究证据表明此种分类方法在现实中是有效的。同样，国内研究学者，如叶康涛等（2015）、刘行（2016）以及孙健等（2016）采用我国上市公司的数据，依据此种分类方法获得了中国资本市场下的研究证据，亦证明了此种分类方式具有合理性。

2. 公司战略的度量

本书根据 Miles 和 Snow（1978，2003）、Bentley 等（2013）、孙健等（2016）的研究，结合中国资本市场的实际情况构建公司战略的测度变量，包括 6 个方面的子指标。①无形资产占总资产的比重。因为激进型公司更倾向于开拓新市场和研发新产品，而保守型公司更注重巩固现有产品及市场地位，所以前者的研发投入相对更多。根据叶康涛等（2015）及刘行（2016）的研究，无形资产是公司研发投入的客观经济结果之一，因此可采用无形资产占总资产的比重近似替代公司研发投入情况。②员工人数与营业收入的比值。这反映了公司生产及营销产品和服务的能力，通常激进型公司为了开拓新市场会投入更多的人力，组织效率相对较低，而保守型公司非常重视组织效率。③营业收入增长率。相对于保守型公司，激进型公司的成长性更强。④销售费用及管理费用与营业收入的比值。相对于保守型公司，激进型公司为了扩张产品市场，需要投入更多的营销人员培训、市场开发等销售费用及管理费用。⑤组织稳定性。采用公司过去 5 年的员工人数标准差除以员工人数均值作为衡量标准，激进型公司的组织稳定性相对较弱，员工流动性较大。⑥固定资产占总资产的比重。激进型公司的人力资本密集度较高，而保守型公司的固定资产占比较高，尽量采用机器代替人工。

将上述 6 个子指标取过去 5 年的平均值，按照"年度—行业"从小到大划分为 5 等，依次赋值 1、2、3、4 和 5，其中子指标 6（固定资产占总资产的比重）采用反向赋值方法。然后，将 6 个子指标的赋值得分加总，得到公司战略指数（$Stra$），取值区间为 6~30。战略指数取值越高，表示公司战略越激进，反之越保守。本书根据 Bentley 等（2013）、孙健等（2016）的方法，将战略指数大于 24 的公司界定为激进型,将战略指数小于12的公司界定为保守型,将其他公司界定为分析型。

(二)避税的概念及度量方法

1. 公司避税的概念

企业避税行为、决定因素及其经济后果一直是学术界的研究热点。在避税问题研究中,有一种观点认为避税是纳税人利用一国或国家间税收和税收管理的差异和不完善,采取合法的或非违法的手段,谋求最大限度地减轻或规避纳税的行为。合法的避税是指避税行为是利用一国或国家间税法规定的差异,选择其中最有利于减轻税收负担的规定来安排自身的经营,其行为是不触犯税法的,属于税收筹划或节税,是法律允许甚至是鼓励的,比如纳税人为获得一定时期的税收减负而投资兴办高新技术企业。非违法的避税是指纳税人利用税法本来存在的漏洞而做出的减轻税负的行为。这种行为虽然未明显违反税法,却是法律所不鼓励的,是政府所反对的,是不道德的。西方经济学者一般认为,避税与逃税存在原则差别,即后者属于非法行为,而前者并不违法,它只是最大限度地利用税法中的漏洞,少纳或不纳税款而已。

根据 Hanlon 和 Heitzman(2010)的研究,企业避税行为被广泛地定义为一切可以降低企业显性税收的行为。借鉴这一定义,将所有能够降低企业显性税收负担的交易都视为企业的避税行为,对其中合法和非法的部分不加以区分。由于我国会计准则和所得税法的规定存在差异,企业的应纳税所得额(应税利润)与企业的会计利润总额往往不尽相同,一般而言,应纳税所得额 = 会计利润总额 ± 纳税调整项目金额。因此,在法定税率不变的情况下,企业要实现降低显性税收的目的,有两种途径:第一种是降低企业的会计利润总额，第二种是改变纳税调整项目的数额（形成更大的税账差异）。学者将第一种方式称为"税账一致避税"（conforming tax avoidance），即通过同时减少应税利润和会计利润的方式减轻税收负担，比如"推迟确认收入"或"虚列费用"；将第二种方式称为"税账差异避税"（non-conforming tax avoidance），即通过减少应税利润而不影响会计利润，形成更大税账差异的方式减轻税收负担。

2. 避税程度的度量方式

借鉴以往研究经验，实际税率作为避税程度的衡量指标在文献中被普遍应用，参考吴联生（2009）和刘行、叶康涛（2014）的研究方法，采用公司实际税率作为替代测度指标，记为 ETR，通常 ETR 越小，说明公司避税程度越高。

$$ETR = \frac{所得税费用 - 递延所得税费用}{税前会计利润} \quad (3.1)$$

此外，借鉴陈德球等（2016）的研究方法，将会计账面与实际税负的差异作为替代测度指标，记为 BTD，BTD 反映了会计利润与应纳税所得额之间暂时性差异和永久性差异导致的避税，通常 BTD 越大，说明公司避税程度越高。

$$BTD = \frac{利润总额 - \dfrac{(所得税费用 - 递延所得税费用)}{年末所得税率}}{期末资产总额} \quad (3.2)$$

（三）会计稳健性的概念及度量方法

1. 会计稳健性的概念

Bliss（1924）最早对稳健性给出了定义，将会计稳健性（conservatism）描述为"不预计任何利润，但预计所有损失"。其中，预计利润意味着在对产生利润的收益拥有可验证的法定要求权之后才可确认。因此，稳健性并不意味着所有收入的现金流在收到后才能确认，而是要求上述现金流能够被验证。Smith 和 Skousen（1987）认为稳健性是指当存在两种或两种以上可供选择的披露手段时，应该选择对所有者权益最不利的方法。这个定义比较模糊，并且没有考虑会计分期的影响。Wolk 等（1989）、Davidson 等（1985）、Stickney 和 Weil（1987）则给出了更为具体的定义：稳健性是选择会计原则的一种标准，通过较慢地确认收入、较快地确认费用以及对资产较低地估价和对负债较高地估价，导致最低的累积报告盈余。除了学术界对稳健性概念的研究，美国财务会计准则委员会（FASB）与国际会计准则委员会（IASC）也分别对稳健性进行了界定。FASB 在其 1980 年发布的第 2 号财务会计概念框架中将稳健性定义为："稳健性是对不确定性的谨慎反应，以确保内生于经济活动中的不确定性和风险被充分考虑到。因而如果未来收到或支付的两个估计金额有同等的可能性，稳健性要求使用较不乐观的金额估计数。"IASC 在 1989 年颁布的《财务报表编报的框架》中也给出了类似的定义，将稳健性定义为"在不确定性条件下进行估计和判断时必要的谨慎，从而使资产和收益不被高估，负债和费用不被低估"。我国 2006 年颁布的会计准则规定："企业对交易或者事项进行会计确认、计量和报告应当保持应有的谨慎，不应高估资产或者收益、低估负债或者费用。"一些教科书中对稳健性的定义则更为详细，比如：Eldon（1965）指出，当某些会计事项或经济业务存在不同的会计处理方法和程序时，稳健性原则要求会计人员尽量选择不会虚增利润和所有者权益的方法和程序，当然必须是在不影响合理选择的前提下；Smith（1987）将稳健性作为一个选择规则，这个规则指导人们在对所选的会计方法心存怀疑的时候，选择对股权投资者最为不利的会计方法；Kieso 等（2001）对稳健性的看法与 Smith（1987）

相同，他认为会计稳健性是指"当会计人员存在疑惑时，选择最不可能高估资产或收益的方案"。

2. 会计稳健性的度量方法

本书借鉴陈艳艳等（2013）和罗进辉等（2016）关于会计稳健性的度量方法，根据 Khan and Watts（2009）的模型计算会计稳健性指标，具体如下。

第一步，构建传统 Basu 模型，即公式（3.3）。

$$\frac{EPS_{i,t}}{P_{i,t-1}} = \beta_0 + \beta_1 Dr_{i,t} + \beta_2 Ret_{i,t} + \beta_3 Dr_{i,t} \times Ret_{i,t} + \varepsilon_{i,t} \quad (3.3)$$

其中，$EPS_{i,t}$ 代表 i 公司第 t 年的每股收益；$P_{i,t-1}$ 代表 i 公司第 $t-1$ 年末的股票收盘价；$Ret_{i,t}$ 代表 i 公司在第 t 年 5 月至次年 4 月经市场调整的年股票复合收益率；Dr 为虚拟变量，当 $Ret>0$ 时，$Dr=0$，当 $Ret<0$ 时，$Dr=1$；β_0 表示常数项；β_1 表示估计系数；$\varepsilon_{i,t}$ 表示残差项。β_2 表示盈余对好消息的反应速度；β_3 表示盈余对坏消息的反应速度，即会计稳健性的衡量指标。

第二步，在此基础上构建改进的 Basu 模型，如公式（3.4）和公式（3.5）所示。

$$G-Score = \beta_2 = \mu_1 + \mu_2 Size_{i,t} + \mu_3 MTB_{i,t} + \mu_4 Lev_{i,t} \quad (3.4)$$

$$C-Score = \beta_3 = \lambda_1 + \lambda_2 Size_{i,t} + \lambda_3 MTB_{i,t} + \lambda_4 Lev_{i,t} \quad (3.5)$$

其中，$Size$ 代表公司规模，即公司总资产的自然对数；$MTB_{i,t}$ 为 i 公司第 t 年末股票总市值与账面总资产的比值；Lev 代表公司财务杠杆水平；$G-score$ 为好消息确认的及时性；$C-score$ 为坏消息确认的及时性，即公司的会计稳健性水平。

最后，将公式（3.4）的 β_2 和公式（3.5）的 β_3，代入公式（3.3）中，可得公式（3.6）。

$$\frac{EPS_{i,t}}{P_{i,t-1}} = \beta_0 + \beta_1 Dr_{i,t} + Ret_{i,t} \times (\mu_1 + \mu_2 Size_{i,t} + \mu_3 MTB_{i,t} + \mu_4 Lev_{i,t}) +$$
$$Dr_{i,t} \times Ret_{i,t} (\lambda_1 + \lambda_2 Size_{i,t} + \lambda_3 MTB_{i,t} + \lambda_4 Lev_{i,t}) + \varepsilon_{i,t} \quad (3.6)$$

特别地，由于 Size、MTB、Lev 和 Ret 及 Dr×Ret 的交互项出现在式（3.6）中，根据交互项回归分析的基本要求，需要把这些交互项的单项引入式（3.6）中得到式（3.7）。

$$\frac{EPS_{i,t}}{P_{i,t-1}} = \beta_0 + \beta_1 Dr_{i,t} + Ret_{i,t} \times (\mu_1 + \mu_2 Size_{i,t} + \mu_3 MTB_{i,t} + \mu_4 Lev_{i,t}) +$$
$$Dr_{i,t} \times Ret_{i,t} \times (\lambda_1 + \lambda_2 Size_{i,t} + \lambda_3 MTB_{i,t} + \lambda_4 Lev_{i,t}) + (\delta_1 Size_{i,t} + \delta_2 MTB_{i,t} +$$
$$\delta_3 Lev_{i,t} + \delta_4 Dr_{i,t} \times Size_{i,t} + \delta_5 Dr_{i,t} \times MTB_{i,t} + \delta_6 Dr_{i,t} \times Lev_{i,t}) + \varepsilon_{i,t} \quad (3.7)$$

其中，δ_1 至 δ_6 表示各变量的估计系数。通过对式（3.7）逐年回归求得相应年份系数 $\mu_1 - \mu_4$、$\lambda_1 - \lambda_4$，并将其分别代入式（3.4）、式（3.5）中即可求得 $G-Score$ 和 $C-Score$。其中 $G-Score$ 为盈余对好消息的敏感程度，$C-Score$ 为会计稳健性的指标，其值越大，表明会计政策越稳健。

（四）审计专家的界定与度量方法

1. 审计专家的界定

审计专家是指在某行业的审计投入较多，积累的审计经验较为丰富，具备一定行业专长优势的审计人员。关于审计行业专长，以往研究采用的测度方法主要包括行业市场份额法和行业组合份额法。其一，行业市场份额法。因为审计师个人层面的行业专长不同于会计师事务所层面的行业专长，每一行业的签字审计师数量远大于该行业的会计师事务所数量。在我国样本上市公司 2009~2016 年期间，年度行业签字审计师数量平均约为 200 个，每位签字审计师的行业市场份额都很小。而且，行业市场份额属于年度截面数据，无法反映签字审计师在某行业的审计经验积累，况且不同签字审计师在同一行业的累计执业年数不尽相同。其二，行业组合份额法。因为不同签字审计师在同一年度负责审计的客户公司所属行业的数量不尽相同，比如审计师 A 只专注于某一个行业的公司审计业务（行业组合份额为 1），而审计师 B 同时承接多个行业的公司审计业务（各行业组合份额均小于 1），那么审计师 A 的行业组合份额显著大于审计师 B，但这并不意味着审计师 A 比审计师 B 更具备行业专长优势，因为可能审计师 B 比审计师 A 在某行业的年度客户公司数量多或者公司业务更复杂，抑或审计师 B 比审计师 A 在该行业的执业年数更长。

2. 审计专家的度量方法

本研究借鉴薛爽等（2012）、闫焕民等（2017）的研究方法，根据审计师的行业经验积累情况界定审计专家，记为 $Expt$。首先，审计师的行业经验积累，记为 $Auditor\_Exp$，需同时考虑两个因素：一是审计师在某行业累计审计的客户公司数量，二是各个客户公司的业务复杂度。其次，分年度分行业将所有 A 股上市公司的签字审计师按照行业审计经验积累进行排序，将各年度行业排名前 20 且前 20% 的审计师界定为审计专家，$Expt$ 取值 1，否则取值 0。理由是部分行业的上市公司数量较少，签字审计师数量少于 20 名，这会导致该行业所有签字审计师均被界定为审计专家的偏误，因此设定双重标准。其中，签字审计师 i 在行业 K 的行业审计经验积累（$Auditor\_Exp_{i,k}$）通过公式（3.8）估算，$Assets_{i,k,j}$ 表示签字审计师 i 在行业 K 审计的客户公司 j 的期末总资产（反映业务复杂度），n 表示审计师 i 在行业 K 审计的客户公司数量，$t-1$ 表示审计师 i 在行业 K 的累计审计年数（不含审计当年）。

$$Auditor\_Exp_{i,k} = \sum_{1}^{t-1}\sum_{j=1}^{n} Assets_{i,k,j} \qquad (3.8)$$

第二节　公司战略与财务决策之间关系的理论依据

（一）公司战略相关理论

Miles 和 Snow（1978，2003）将战略划分为激进型、保守型和分析型，涵盖了已有的主流战略类型划分，并且能够采用指标量化的方式来衡量公司战略差异度，有利于扩大公司战略的研究样本。具体而言，在 Miles 和 Snow（1978，2003）的战略类型划分中，激进型公司是指不断开发新产品、新市场的创新型公司，该类公司重点关注研究开发与市场营销，由于主要依赖新产品和新市场推动增长，激进型公司增长迅速且波动剧烈。在组织结构方面，因为产品具有多样性的特点，激进型公司通常拥有大量的分支机构，高度分散且不够稳定，更加看重员工的知识和技能。保守型公司则在生产产品与提供服务时重点关注效率，组织稳定性相对较强。此外，在增长速度方面，保守型公司市场面一般较狭窄，它们往往局限于少量特定种类的产品与服务，很少开发新的产品与市场，因而相比于激进型公司，保守型公司通常增长速度缓慢而稳定。在公司内部管理效率方面，保守型公司通常有高效的、集中化的管理控制体系，员工任期较长，内部提拔现象普遍。分析型公司的特征介于上述两者之间。

（二）"理性经济人"理论

"理性经济人"的来源可以追溯到经济学鼻祖亚当·斯密在《国富论》中所阐述的观点，之后经过不断完善和充实，"理性经济人"逐渐成为经济学的一个基本假设。理性经济人理论假定人都是利己的,而且在面临两种以上选择时,总会选择对自己更有利的方案。理性经济人理论是经济学家在做经济分析时关于人类经济行为的一个基本假定,意思是作为经济决策的主体都是充满理性的,即所追求的目标都是使自己的利益最大化。具体来说,消费者追求效用最大化,厂商追求利润最大化,要素所有者追求收入最大化,政府追求目标决策最优化。亚当·斯密认为:人只要做"理性经济人"就可以了,"如此一来,他就好像被一只无形之手引领,在不自觉中对社会的改进尽力而为。在一般的情形下,一个人为求私利而无心对社会做出贡献,其对社会的贡献远比有意图做出的大"。同样,公司作为"理性经济人",在制定财务决策的过程中,自然会权衡不同决策的收益和成本,制定有利于自身的决策,从而实现自身的收益最大化。综合上述,所谓理性经济人,是指个人或某团体组织,在一定约束条件下通过对不同方案的考虑与抉择而实现自己的利益最大化。

(三)"深口袋"理论

所谓"深口袋",通常是指当投资者根据经注册会计师审计的公司财务报告信息进行决策而遭受损失后,因此时公司破产或没有能力偿还债务,其往往会将矛头指向注册会计师,有理由或无理由地埋怨其审计失误甚至审计失败,进而期望从注册会计师及其事务所获得一定的经济补偿。因此,签字注册会计师作为自负盈亏的"经济人",尽管赚取经济利润是他们最直接且最重要的目标之一,但前提条件是必须合法合规且风险在可接受范围之内,因而控制经营风险也是非常必要且重要的。具体而言,作为理性经济人,会计师事务所的执业质量监管人员及负责项目审计的签字注册会计师都会考虑客户的风险，不能因为过度依赖和重视某一客户而放弃本应坚守的独立性原则，甚至导致项目审计失败。一旦出现审计失败，轻则被处以罚款或吊销个人执业资格，重则被追究个人刑事责任甚至殃及所供职的事务所，导致事务所声誉受损甚至崩塌。根据"深口袋"理论，会计师事务所及注册会计师通常是投资者决策失误并遭受损失时的矛头直指对象，那么，作为"百年品牌老店"的国际大所或者国内综合排名靠前的大型事务所，更是深受"深口袋"效应的影响。因此，他们在依赖客户的同时，也会重视客户风险，具有较强的动机约束注册会计师的机会主义行为，对重要客户保持较高的谨慎性和独立性，减少客户经济依赖对审计质量的不利影响，确保执业质量以维护本身的行业声誉，这与声誉保护假说也是吻合的。

（四）信号理论

信号理论起源于20世纪70年代对逆向选择问题的研究，在信息不对称的情形下，市场均衡通常不是帕累托最优的，而逆向选择（adverse selection）现象进一步加剧了这种无效率。当知情者的交易取决于他个人掌握的信息，而这样的信息不利于不知情的市场参与者时，逆向选择就会产生。例如，Akerlof（1970）以二手车市场为例进行分析，在二手车市场上，知道自己车质量不是很好的车主，更有可能决定卖车。在存在逆向选择的情形下，不知情的交易者对任何愿意与他交易的知情者都保持警惕，因此他的交易意愿就比较低。而且，这个事实可能使得逆向选择问题进一步恶化：如果二手车的成交价很低，只有那些车的质量真的很差的车主愿意卖车。因此，存在逆向选择时，市场交易量很小。信号理论的出现为市场参与者提供了一种解决信息不对称与逆向选择问题的方法。信号理论认为，在市场参与环节中，知情的个体可以通过向不知情的个体发送信号的方式，以可观测的行为来传递他的私人信息。例如，如果二手车的卖者允许潜在买者将车送到修车店铺进行检查和评估，不知情者通过在两者之间建立某种机制来甄别拥有不同信息的知情者，实现信号的传递和对称信息的形成。置于公司治理视角下，高质量的审计师事务所是其财务报表质量可靠性的一种体现，公司通过"绑定"高质量大所的声誉来为自身声誉添加筹码，进而向内外部利益相关者传递一种公司财务报表高度真实可靠的信号，以达到利于公司诚信建设、资金筹集和市场构建的目的。综合上述而言，信号理论即为通过在市场交易双方或信息需求双方之间建立信息传递机制，或称发送信号，解决信息不对称以及逆向选择问题。

第四章
公司战略与避税行为：基于审计治理视角

公司战略作为一种全局性的长远规划，决定着公司的经营模式与决策方式，自然也影响公司的财务决策行为。根据 Miles 和 Snow (1978) 的经典研究，公司战略分为激进型、分析型和保守型 3 类。坚持激进型战略的公司更重视开拓新市场和研发新产品，具有更强烈的融资需求；坚持保守型战略的公司更注重现有产品及现有市场地位，维持较低水平的扩张投资，规避经营风险；坚持分析型战略的公司介于两者之间。公司避税问题一直是理论界与实务界共同关注的热点话题，现有研究主要是从公司财务特征、内部治理及外部监督等视角解读公司避税行为及后果。近年来，基于战略管理视角的研究发现，作为全局性长远规划的公司战略会影响公司的避税策略（吕伟等，2011），激进的战略定位会导致激进的避税行为（Higgins et al., 2015）。由此衍生出一个现实问题：针对公司战略性避税行为是否存在有效的内外约束机制，以保障税收征管效率？目前鲜有研究涉及这个问题。此外，外部审计作为公司治理机制的重要一环，能否发挥应有的监督功能，尤其是具备公司行业财税知识专长的审计专家，会迎合还是监督公司战略性的避税行为需求，以及作用机制如何？对这些问题，学界研究付之阙如。基于对上述问题的解答，本章节展开一系列的研究。

第一节 理论分析与假设提出

（一）公司战略与避税程度

公司战略是公司在综合考虑外部市场竞争环境和内部经营要素的基础上制定的全局性长远目标，以及为实现这一目标而采取的一系列约定与行动（Chandler，1962）。作为公司全局性规划，战略定位引领公司未来发展的方向，被视为公司各项职能及决策的起点和基础（刘行，2016）。公司避税策略作为一项重要的财务决策，贯穿于公司经营全过程，而这一系列的经营活动都是在公司战略的引导下执行的，因此公司战略可能是影响公司避税策略的一个重要因素。

首先，公司战略定位决定着其避税动机，这主要表现在以下3个方面。其一，公司战略不同，融资需求存在差异（Miles and Snow，1978）。战略激进公司往往涉猎多个领域，在开发新产品、拓展新市场方面需要大量资金，而且项目投资周期往往较长，具有较高的外部融资需求。与之相反，战略保守公司专注于现有市场，更加重视降低成本、提高生产效率，现金流水平较高，融资需求相对较低。公司融资需求越大，融资约束问题就越突出（卢太平、张东旭，2014）。公司在面临融资困境时具备强烈的动机通过避税手段节省税费支出以获取替代的资金来源（Edwards et al.，2016），因为在正常情况下，公司需将1/4左右的税前利润以所得税的形式上缴国家税务部门，这无疑是一笔大额支出。由此可推断，公司战略越激进，融资需求越高，公司避税动机越强。其二，公司战略不同，风险水平和管理层薪酬结构存在差异（Miles and Snow，1978）。战略保守公司追求业务稳定，更加厌恶风险且风险适应能力较差，因此不太可能采取激进的避税手段。而战略激进公司为应对开发新产品和拓展新市场带来的不确定性，更倾向于以股票期权而非固定薪酬的形式来激励管理者的风险承担行为。加之，战略激进公司的投资回报率较低、业绩风险较大，管理者获取的货币性薪酬波动性较大，容易造成激励不足，使得管理者有强烈的动机通过避税手段谋取私人利益。其三，公司战略不同，产品市场势力及声誉成本存在差异（Miles and Snow，1978）。战略保守公司的产品在现有市场上不乏替代品，为维持在"夹缝"市场中的地位，其会尽量避免激进避税策略，以防被曝光后客户流失，威胁组织的生存与发展。然而，战略激进公司的产品在市场上几乎没有替代品，较强的产品市场势力使其不必过多担忧由避税失败带来的潜在负面影响（曹越等，2017），从而会有更强的动机采取更多的避税手段（Higgins et al.，2015）。

其次，公司战略定位影响着公司实施避税策略的机会。这主要表现在以下3个方面。其一，公司战略不同，业务经营方式存在差异（Miles and Snow，1978）。战略激进公司不断寻求机会开拓新市场，因而有更多机会在"避税天堂"所在地进行暗箱操作，加之战略激进公司往往采取分权经营管理体制，为避税行为提供了诸多便利（Higgins et al.，2015）。相较而言，战略保守公司的业务经营更加稳健且相对单一，避税机会相对较少。其二，公司战略不同，内部控制效率存在差异（Miles and Snow，1978）。战略保守公司的组织结构较为集中且稳定，内部控制系统的运行也更加高效，尤其是对于管理者通过激进避税策略牟取私利的行为具有一定的制约作用。而战略激进公司拥有较多分支机构且员工流动性较大，组织结构趋于分散化，在发挥内部控制作用时需要各部门间的协调，对监管的重视程度不足，表现为公司内部控制质量相对较差。已有研究也表明，内部控制的失效将难以抑制管理者以攫取私利为目的的激进避税行为（陈骏、徐玉德，2015）。其三，公司战略不同，信息环境存在差异（代彬等，2016）。战略保守公司仅在"狭窄"的市场领域内以市场渗透的方式稳步发展，可甄选的新投资机会较少，因而在决定进入新领域之前会制定非常详细且科学合理的规划。然而，战略激进公司热衷于开发新产品、开拓新市场，面临诸多投资机会且试图抓住每一次"良机"，因而在选择新投资机会时往往无法及时制定详细规划（Higgins et al.，2015）。如此一来，详细的规划可提供更多高质量决策信息，但缺乏详细规划给予了管理层一定的自由发挥空间（王化成等，2016），这为其采取激进的避税手段提供了更多机会。基于以上分析，预期公司战略会影响避税程度，由此，本书提出研究假设4.1。

假设4.1：限定其他条件，公司战略越激进，避税程度越高。

（二）公司战略与战略性避税行为：外部审计的治理效应

审计作为公司外部治理的一项重要制度安排，在改善公司治理状况、提高公司治理效率方面被寄予厚望（代彬等，2016）。那么，公司管理层的激进避税行为被视为一种严重的代理问题，理应受到外部审计的监督与约束（魏春燕，2014）。对于会计师事务所而言，为了维持现有客户资源且招揽更多新客户，其可能会对不同客户采取差异化战略以期建立持续竞争优势，获得更高经济效益。是否委派具备客户所属行业专长的审计专家为客户提供审计服务成为事务所需要考虑的重要问题。通常而言，审计专家意味着审计师在某一特定行业中投入了大量的时间和精力，积累了丰富的行业财税知识和工作经验，具有更强的职业判断能力。换言之，审计专家不仅具备客户所属行业的会计审计专长，也具备客户所属行业的税务知识优势，更易识别客户公司的避税策略。那么，有趣的问题是：具备行业财税知识专长的审计专家究竟会迎合还是抑制客户公司的战略性避税行为需求？从理论上讲，两者皆有可能。

一种可能是，审计专家会利用行业财税知识协助公司实施战略性避税策略，表现为迎合效应。具体而言，公司避税活动涉及大量税法和财务相关知识，具有较强的专业性要求。审计专家比一般审计人员更加熟知客户公司所属行业的经营特点与税收优惠政策，加之避税策略往往具有行业普适性，审计专家可以凭借丰富的个人经验敏锐地发现行业特有的避税机会，满足公司的避税需求，尤其是公司激进战略定位下的激进避税需求。因此，相较于非审计专家，具备客户所属行业财税知识专长的审计专家更有能力为客户提供有针对性的税收筹划建议，对于具有强烈避税需求的激进战略公司而言，审计专家的重要作用更为凸显。此外，已有研究也表明，审计师可能在客户避税行为中扮演着"始作俑者"的角色，他们为客户提供税务筹划或咨询服务，协助其从事复杂且隐蔽的交易活动，最终达成避税目的，特别是当审计师属于行业专家且丧失审计独立性时，公司避税的激进程度明显更高，上述研究表明审计专家助长了客户的激进避税行为（Mcguire et al., 2012）。再者，长期以来，我国审计市场竞争较为激烈，监管惩戒力度不足，这导致审计师面临的法律约束较弱，具备客户所属行业财税知识专长的审计专家更有机会利用自身专长为客户提供避税协助。因此，面对实施激进战略的客户公司，审计专家可能迎合公司的激进避税行为。

另一种可能是，审计专家能够有效抑制激进战略公司的激进避税行为，表现为监督效应。具体而言，激进避税行为被视为管理层用以操纵盈余、牟取个人私利的工具和手段（Desai and Dharmapala，2006），避税交易大多涉及收入和成本费用等项目的确认和计量，会严重影响财务报表信息质量，而这无疑会增加审计工作的难度和审计失败的概率。在这种情况下，会计师事务所为客户委派审计专家来确保审计质量是一种合理的安排。一方面，审计专家在客户所属行业投入了大量时间和精力，积累了丰富的工作经验，逐渐成为某行业审计队伍中的佼佼者，"深口袋"效应亦迫使他们更加厌恶审计风险，使得他们具有更强的声誉保护意识。因此，面对采取激进战略的客户公司，为降低公司激进避税行为引发的审计失败风险以及避免由此招致的声誉损失，审计专家具有强烈的动机对激进的避税活动秉持职业怀疑态度，严格评估客户的避税风险，设计更为严谨有效的审计程序，充分发挥其外部监督职能。另一方面，具有行业专长的审计专家更有能力抑制客户的激进避税行为。因为审计专家对客户所属行业的税收法规及监管政策有着深刻的理解，面对客户公司实施的激进避税策略，审计专家可以利用自身专长优势识别客户公司的不合理避税活动并要求其做出合理的账务调整，或者通过出具更加严格的审计意见的方式对客户的激进避税行为施加压力。在这种情况下，作为理性经济人的公司管理层也会权衡避税的收益与成本，考虑到审计专家对其避税行为的监督压力，激进战略公司的管理层会减少激进的避税行为。换言之，面对实施激进战略的客户公司，审计专家可能监督并抑制公司的激进避税行为。基于以上分析，具备行业财税知识专长的审计专家对公司战略性避税行为的调节作用存在两种可能，故此，本书提出研究假设 4.2a 和 4.2b。

假设4.2a：限定其他条件，审计专家会协助客户公司的战略性避税行为，即迎合效应。

假设4.2b：限定其他条件，审计专家会抑制客户公司的战略性避税行为，即监督效应。

第二节　变量界定与模型构建

（一）变量界定

1. 公司战略

根据Bentley等（2013）、孙健等（2016）的研究方法，结合中国资本市场实际情况构建公司战略的测度变量，具体参见第三章第一节的内容。

2. 避税程度

借鉴以往研究经验，本研究采用两种方法测度公司避税程度，详见第三章第一节的内容。

3. 审计专家

审计专家的界定方法，详见第三章第一节的内容。

4. 其他变量

通过梳理国内外现有文献，考虑可能影响公司避税行为的一系列因素，具体包括公司基本财务特征层面、公司治理机制层面及公司外部层面等，具体变量定义和说明见表4.1。

在公司基本财务特征层面，借鉴Law和Mills（2015）、刘慧龙和吴联生（2014）及田高良等（2016）的研究经验，纳入了公司规模（$Size$）、财务杠杆（Lev）、账面市值比（MB）、投资收益率

（ROI）、资产报酬率（ROA）、现金流状况（CF）、有形资本密集度（PPE）、无形资本密集度（Inta）、存货比例（Inv）、上期亏损（Loss）、应计利润（TA）作为控制变量。①公司规模。关于公司规模与避税行为之间的关系，学界研究结论不一，部分学者研究发现规模较大的公司会受到较多的社会关注，进而导致其实际税率偏高于其他公司（Zimmerman，1983）。与之不同，亦有学者研究发现，大规模公司通常拥有更多的资源进行税收筹划和政治游说，从而助其实现避税目的（Kim and Limpaphayom，1998）。②财务杠杆。债务利息费用的税盾效应能够降低公司实际税率。③账面市值比。通常反映资本市场对公司未来收益的期望，比值越大说明资本市场对公司收益预期水平越高，进而导致公司可能拥有更多的实施避税行为的资源。④投资收益率。依据我国税法规定，公司符合免税条件的投资收益不需要纳入公司所得税计算，因而公司具备通过提高投资收益获取利润达到减轻公司税负的动机。⑤资产报酬率。盈利能力越强的公司，其通过税收规避所获得的收益往往越大，即盈利能力与避税行为之间可能存在正向关系。⑥现金流状况。现金流的多寡是公司财务状况的重要体现，影响着公司的融资需求及投资决策，也会对公司避税行为产生重要的影响。⑦有形资本密集度。公司固定资产比例越高，在固定资产折旧过程中避税行为的可操控的弹性空间越大。⑧无形资本密集度。无形资产比例较高的公司，通常意味着其在无形资产摊销与研发投入的抵税过程中存在诸多避税的操控空间。⑨存货比例。部分学者研究发现，公司存货比例对公司税负具有显著的正向影响（Gupta and Newberry，1997；Wu et al.，2007）。⑩上期亏损。税法规定公司发生年度亏损可用下一年度所得进行弥补，以此减轻公司的税负压力。⑪应计利润。Frank等（2009）基于盈余管理视角研究发现，公司盈余管理水平会对避税行为产生影响。

在公司治理机构层面,借鉴陈作华、方红星(2016)及张敏等(2018)的研究经验,纳入了产权性质($State$)、股权结构($H5$)、监督机构($Supv$)、两职合一($Dual$)、高管薪酬(Pay)作为控制变量。①产权性质。吴联生(2009)研究发现国有股权比例高的公司承担了更多的税收负担,其公司实际税率通常较高,而Bradshaw等(2013)从政治晋升角度得出了相同的研究结论。②股权结构。前五大股东持股比例越高,说明公司股权集中度越高,股权结构越稳定,公司经营越注重长期发展和战略决策,从而抑制了公司过激的避税行为。③监督机构。董事会"四委"的设立有利于完善公司治理和规范公司内部控制,在一定程度上可减少公司避税等风险性行为。进一步,Robinson等(2012)对"四委"中审计委员会成员构成的分析研究却发现,财务专业人士所占比重越大的审计委员会,公司的避税程度越高。④两职合一。董事长与总经理两职合一提高了管理层与股东之间的沟通效率与信息对称性,在一定程度上促使公司避税行为决策与目标趋于一致。⑤高管薪酬。当公司管理层薪酬水平较高时,激进的避税行为带来的风险高于收益,继而管理层会减少避税行为。但Gaertner(2014)研究发现,CEO的税后薪酬越高,公司越倾向于避税。

在公司外部层面,借鉴Hoopes等(2012)、魏春燕(2014)及陈德球等(2016)的研究经验,纳入了本地事务所($Local$)、事务所类型(Big)、税收征管强度(TE)作为控制变量。①本地事务所。是不是本地事务所会影响审计师与公司管理层之间的熟悉程度,以及审计业务双方在公司注册地的社会关系网络,这可能会影响公司的避税策略。②事务所类型。事务所规模代表了事务所的市场声誉,这会影响事务所的执业质量,进而影响其对公司避税行为的监督效果。③税收征管强度。税收征管强度对公司避税行为具有直接影响，税收征管强度越大，公司的避税程度越低。除此之外，还包括事务所虚拟变量、行业虚拟变量、年度虚拟变量，以控制事务所、行业与年度层面的固定效应，详见表4.1变量定义。

表 4.1 变量定义

变量类别	变量名称	变量标识	变量说明
被解释变量	公司避税	ETR	见前文公式（3.1）及说明
		BTD	见前文公式（3.2）及说明
解释变量	公司战略	Stra	公司战略指数，见前文说明
	审计专家	Expt	见前文公式（3.8）及说明
控制变量	公司规模	Size	年末总资产的自然对数
	财务杠杆	Lev	普通股每股收益变动率除以息税前利润变动率
	账面市值比	MB	股票市值除以权益总额
	投资收益率	ROI	投资收益总额除以总资产
	资产报酬率	ROA	净利润除以总资产
	现金流状况	CF	每股经营活动现金净流量
	有形资本密集度	PPE	固定资产净值除以总资产
	无形资本密集度	Inta	无形资产净值除以总资产
	存货比例	Inv	存货净值除以总资产
	上期亏损	Loss	上年亏损取值为1，否则为0
	应计利润	TA	应计利润总额除以总资产
	产权性质	State	国企取值为1，否则为0
	股权结构	H5	前五大股东持股比例平方和

续表

变量类别	变量名称	变量标识	变量说明
控制变量	监督机构	$Supv$	"四委"设立个数
	两职合一	$Dual$	董事长与总经理两职合一取值为1,否则为0
	高管薪酬	Pay	前3名高管年薪总额的自然对数
	本地事务所	$Local$	事务所（分所层面）与公司注册地是同一省份取值为1,否则为0
	事务所类型	Big	根据历年中注协公布的会计师事务所综合评价信息,界定国际"四大"和国内"前十大"事务所为大所且取值为1,否则为0
	税收征管强度	TE	借鉴曾亚敏、张俊生（2009）的方法,采用各地区实际税收与预期税收之差测度税收征管强度
	事务所固定效应	$AudFirm$	会计师事务所虚拟变量
	年度固定效应	$Year$	年度虚拟变量
	行业固定效应	Ind	行业虚拟变量

（二）模型构建

首先,为了检验公司战略定位对公司避税行为的影响,借鉴Higgins等（2015）、陈德球等（2016）的研究经验,构建模型（4.1）。其中,$ETR_{i,t}$和$BTD_{i,t}$分别表示用两种不同方法测度的公司避税程度;α_0表示常数项;$Stra_{i,t}$表示公司战略指数,当$ETR_{i,t}$作为被解释变量时,预期系数α_1为负,当$BTD_{i,t}$作为被解释变量时,预期系数α_1为正;$Controls_{i,t}$表示影响公司避税程度的由其他因素构成的控制变量组合,包含公司归属地的税收征管强度;$AudFirm_{i,t}$表示控制会计师事务所固定效应;$Year_{i,t}$表示控制年度固定效应;$Ind_{i,t}$表示控制行业固定效应；$\varepsilon_{i,t}$ 表示随机误差项。

$$ETR_{i,t}(BTD_{i,t}) = \alpha_0 + \alpha_1 Stra_{i,t} + \sum Controls_{i,t} + \sum AudFirm_{i,t} + \sum Year_{i,t} + \sum Ind_{i,t} + \varepsilon_{i,t} \quad (4.1)$$

其次，为了检验审计专家的治理效应，构建模型（4.2）。其中，α_0 表示常数项，α_1 和 α_2 表示变量估计系数，$Expt_{i,t}$ 表示审计专家，交乘项 $Stra_{i,t} \times Expt_{i,t}$ 的系数 α_3 反映了审计专家的治理效应。当 $ETR_{i,t}$ 作为被解释变量时，若系数 α_3 为正，表示监督效应；若系数 α_3 为负，表示迎合效应。当 $BTD_{i,t}$ 作为被解释变量时，恰好反之。

$$ETR_{i,t}(BTD_{i,t}) = \alpha_0 + \alpha_1 Stra_{i,t} + \alpha_2 Expt_{i,t} + \alpha_3 Stra_{i,t} \times Expt_{i,t} + \sum Controls_{i,t} + \sum AudFirm_{i,t} + \sum Year_{i,t} + \sum Ind_{i,t} + \varepsilon_{i,t} \quad (4.2)$$

第三节 实证分析

（一）样本选择

考虑到我国具备证券期货业务资格的会计师事务所在2009年之前发生的政府引导或事务所自愿合并及分拆事项较多，为了尽可能避免此类事项产生的干扰，本研究选取2009~2016年我国沪深A股上市公司作为初始研究样本，表4.2列示了样本筛选过程。其中，样本公司财务数据主要来自CSMAR数据库，审计师个人特征数据主要依据中国注册会计师协会信息管理系统及巨潮资讯网站进行手工整理获得。此外，为缓解研究模型中变量极端值产生的偏误干扰，对所有连续变量进行1%和99%分位Winsorize处理。本书实证分析部分采用的软件主要为Stata 15.0和Excel 2017。

表 4.2　样本筛选程序

2009~2016 年	样本数量（个）
初始样本	19419
剔除：行业性质特殊的金融保险类公司观测值	463
无连续 5 年相关数据而无法计算公司战略指标的公司观测值	7185
公司年报签字审计师性别及年龄等个人信息缺失的公司观测值	69
无法计算公司避税指标 ETR（BTD）、ETR 小于 0 或大于 1 的公司观测值	2940（2595）
ETR（BTD）样本中控制变量数据缺失的公司观测值	333（403）
最终样本公司避税指标 ETR（BTD）样本	8429（8704）

（二）公司战略的稳定性统计

表 4.3 是公司战略稳定性情况的统计表。公司战略作为全局性的长远规划，理论上在一定期间内是相对稳定的。表 4.3 的结果显示：首先，在本研究的样本公司中，当年公司战略与上年公司战略之间的相关系数是 0.902；前后年度公司战略指数差异的均值为 1.340，前后年度公司战略指数不变的比例为 26.837%，前后年度公司战略指数差异为 1 的比例为 38.517%，前后年度公司战略指数差异大于 3 的比例为 6.244%。

表 4.3　公司战略稳定性情况

Pearson 相关系数	LStra	△Stra 均值	△Stra = 0	△Stra = 1	△Stra > 3
Stra	0.902***	1.340	26.837%	38.517%	6.244%

注：***、**和*分别表示在1%、5%和10%的水平上显著相关。

图 4.1 是公司战略指数稳定性统计图。结果显示，当年公司战略（$Stra$）与上年公司战略（$Lstra$）的拟合情况较佳。这说明我国上市公司的战略定位波动幅度不大，在时间维度上仍具有较强的稳定性，研究样本具有较好的统计意义。

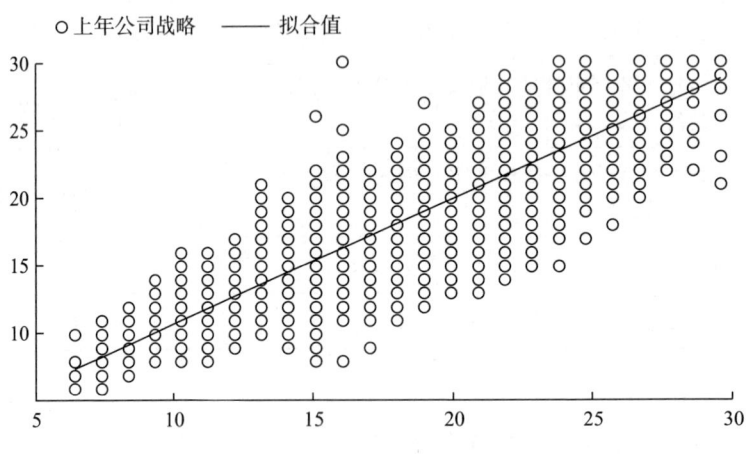

图 4.1　公司战略指数稳定性统计

（三）模型变量的描述性统计

表 4.4 的描述性统计结果显示以下 3 点。第一，公司避税程度指标 ETR 与 BTD 的均值分别为 0.308、-0.023，二者的极大值与极小值之差异都较为明显；公司战略指标的均值约为 18.149，标准差为 4.245，具备较高的差异识别度。第二，在公司年报审计师方面，公司聘请审计专家的比例约为 13.4%，说明审计专家变量测度合理。第三，公司归属地税收征管强度指标均值为 0.996，标准差为 0.175，说明不同地区的税收监管力度存在一定差异。此外，公司财务指标数据、聘请事务所类型等均与实际情况吻合。

表 4.4 描述性统计结果

变量	N	mean	sd	p25	p50	p75	min	max
ETR	8429	0.308	0.199	0.178	0.263	0.392	0.000	0.929
BTD	8704	-0.023	0.075	-0.051	-0.020	0.004	-0.290	0.272
Stra	8429	18.149	4.245	15.000	18.000	21.000	6.000	30.000
Expt	8429	0.134	0.341	0.000	0.000	0.000	0.000	1.000
Size	8429	22.277	1.255	21.433	22.131	22.983	19.566	26.099
Lev	8429	1.394	0.809	1.006	1.124	1.428	0.560	6.041
MB	8429	0.520	0.248	0.321	0.491	0.699	0.086	1.100
ROI	8429	0.111	0.398	0.000	0.007	0.043	0.000	3.100
ROA	8429	0.050	0.042	0.021	0.039	0.067	0.003	0.219
CF	8429	0.486	0.881	0.071	0.356	0.804	-2.404	3.849
PPE	8429	0.238	0.177	0.100	0.202	0.341	0.002	0.743
Inta	8429	0.048	0.056	0.015	0.033	0.059	0.000	0.353
Inv	8429	0.175	0.166	0.065	0.127	0.216	0.000	0.766
Loss	8429	0.078	0.269	0.000	0.000	0.000	0.000	1.000
TA	8429	0.004	0.095	-0.048	-0.006	0.043	-0.258	0.373
State	8429	0.527	0.499	0.000	1.000	1.000	0.000	1.000
H5	8429	0.160	0.120	0.067	0.127	0.224	0.012	0.587
Supv	8429	3.836	0.465	4.000	4.000	4.000	1.000	4.000
Dual	8429	0.190	0.392	0.000	0.000	0.000	0.000	1.000
Pay	8429	14.225	0.727	13.768	14.228	14.666	12.337	16.167
Local	8429	0.678	0.467	0.000	1.000	1.000	0.000	1.000
Big	8429	0.673	0.469	0.000	1.000	1.000	0.000	1.000
TE	8429	0.996	0.175	0.891	0.964	1.105	0.640	1.406

（四）相关性分析

表 4.5 报告了模型主要变量的相关性检验结果。其中，Pearson 相关系数（左侧）和 Spearman 相关系数（右侧）结果显示以下两点。其一，公司战略与实际税率之间呈显著负相关关系；区分公司年报审计师是否为审计专家之后发现，在非审计专家组公司战略与避税程度依然显著负相关，在审计专家组公司战略与避税程度负相关但不显著，而且前者的相关系数绝对值明显大于后者。其二，与此类似，公司战略与会计账面和实际税负差异之间呈显著正相关关系，但分组之后发现二者关系仅在非审计专家组显著。这初步表明，公司战略定位会影响避税行为，表现为战略激进公司的避税程度更高，但外部审计专家能够通过影响财务报表的方式有效监督并抑制这种战略性避税行为。所有变量间的 Pearson 相关系数和 Spearman 相关系数详见表 4.6。

表 4.5 相关性检验

Pearson	全样本 Stra	Expt = 0 Stra	Expt = 1 Stra	Spearman	全样本 Stra	Expt = 0 Stra	Expt = 1 Stra
ETR	-0.105***	-0.126***	-0.019	ETR	-0.105***	-0.127***	-0.023
BTD	0.068***	0.081***	-0.000	BTD	0.053***	0.069***	-0.028

注：***、**和*分别表示在1%、5%和10%的水平上显著相关。

表 4.6 相关系数矩阵

变量	ETR	Stra	Size	Lev	MB	ROI	ROA
ETR	1	-0.105***	0.084***	0.219***	0.222***	-0.051***	-0.459***
Stra	-0.105***	1	-0.183***	-0.142***	-0.281***	-0.065***	0.143***

续表

变量	ETR	Stra	Size	Lev	MB	ROI	ROA
Size	0.077***	-0.190***	1	0.156***	0.605***	0.164***	-0.044***
Lev	0.237***	-0.155***	0.054***	1	0.362***	-0.070***	-0.575***
MB	0.197***	-0.278***	0.627***	0.234***	1	0.127***	-0.335***
ROI	-0.029***	-0.002	-0.021**	-0.026**	0.008	1	0.061***
ROA	-0.404***	0.141***	-0.074***	-0.388***	-0.367***	0.057***	1
CF	-0.080***	-0.102***	0.226***	-0.032***	0.087***	-0.045***	0.243***
PPE	-0.044***	-0.290***	0.025**	0.273***	0.146***	-0.120***	-0.085***
Inta	-0.052***	0.263***	-0.080***	0.024**	-0.064***	-0.062***	0.027**
Inv	0.206***	-0.023***	0.135***	-0.032***	0.198***	0.081***	-0.145***
Loss	0.041***	-0.016	-0.142***	0.267***	-0.082***	0.069***	-0.103***
TA	-0.064***	0.162***	0.027**	-0.168***	-0.070***	0.088***	0.219***
State	0.063***	-0.207***	0.237***	0.068***	0.299***	0.064***	-0.114***
H5	0.039***	-0.116***	0.331***	-0.045***	0.185***	0.033***	0.068***
Supv	0.015	0.027**	-0.050***	0.055***	-0.004	0.004	-0.062***
Dual	-0.023**	0.098***	-0.116***	-0.016	-0.161***	-0.021*	0.024**
Pay	-0.020*	-0.043***	0.462***	-0.193***	0.144***	-0.031***	0.178***
Local	-0.024**	-0.015	-0.019*	-0.015	-0.003	-0.019*	-0.005
Big	-0.024**	0.003	0.137***	-0.033***	0.024**	-0.006	0.019*
TE	0.007	-0.021**	0.059***	-0.045***	-0.001	0.023**	0.007

变量	CF	PPE	Inta	Inv	Loss	TA	State
ETR	-0.072***	-0.052***	-0.051***	0.193***	0.012	-0.089***	0.072***
Stra	-0.133***	-0.253***	0.295***	-0.040***	-0.009	0.174***	-0.208***
Size	0.254***	-0.047***	-0.132***	0.054***	-0.140***	0.036***	0.220***
Lev	-0.051***	0.288***	0.060***	0.056***	0.180***	-0.198***	0.083***
MB	0.132***	0.093***	-0.129***	0.121***	-0.083***	-0.088***	0.300***
ROI	0.012	-0.165***	-0.097***	0.029***	-0.049***	0.086***	0.125***

续表

变量	CF	PPE	Inta	Inv	Loss	TA	State
ROA	0.273***	-0.070***	0.058***	-0.121***	-0.179***	0.225***	-0.105***
CF	1	0.281***	0.099***	-0.205***	-0.082***	-0.644***	0.124***
PPE	0.250***	1	0.267***	-0.378***	0.092***	-0.382***	0.116***
Inta	0.072***	0.060***	1	-0.224***	0.013	-0.126***	-0.048***
Inv	-0.222***	-0.436***	-0.252***	1	-0.039***	0.205***	0.010
Loss	-0.055***	0.099***	0.035***	-0.044***	1	-0.095***	0.004
TA	-0.587***	-0.343***	-0.111***	0.220***	-0.071***	1	-0.072***
State	0.116***	0.150***	0.022**	0.010	0.004	-0.079***	1
H5	0.134***	0.072***	0.006	0.074***	-0.030***	-0.010	0.249***
Supv	-0.080***	0.002	-0.003	0.020*	0.034***	0.027**	-0.045***
Dual	-0.051***	-0.060***	-0.004	-0.017	0.009	0.022**	-0.241***
Pay	0.146***	-0.148***	-0.103***	0.093***	-0.176***	0.089***	-0.001
Local	-0.017	-0.005	0.009	-0.031***	-0.044***	-0.015	0.011
Big	0.067***	-0.018*	0.024**	-0.020*	-0.011	-0.010	0.037***
TE	0.024**	-0.055***	-0.040***	-0.016	-0.008	-0.005	0.072***

变量	H5	Supv	Dual	Pay	Local	Big	TE
ETR	0.052***	0.011	-0.031***	-0.016	-0.032***	-0.022**	0.008
Stra	-0.114***	0.022**	0.098***	-0.045***	-0.015	0.005	-0.016
Size	0.281***	-0.044***	-0.116***	0.450***	-0.035***	0.112***	0.046***
Lev	-0.061***	0.067***	-0.045***	-0.198***	-0.022***	-0.038***	-0.044***
MB	0.153***	-0.012	-0.163***	0.129***	-0.001	0.011	-0.025**
ROI	0.050***	-0.015	-0.066***	0.146***	0.052***	0.033***	0.095***
ROA	0.079***	-0.071***	0.020*	0.243***	0.012	0.024**	0.015
CF	0.169***	-0.072***	-0.062***	0.170***	-0.006	0.070***	0.018
PPE	0.044***	0.014	-0.044***	-0.166***	-0.007	-0.025**	-0.071***
Inta	-0.050***	0.011	0.027**	-0.100***	0.035***	0.034***	-0.049***

续表

变量	H5	Supv	Dual	Pay	Local	Big	TE
Inv	0.033***	0.012	-0.009	0.035***	0.003	-0.028***	-0.035***
Loss	-0.044***	0.033***	0.009	-0.176***	-0.044***	-0.011	-0.009
TA	-0.012	0.017	0.022**	0.099***	-0.011	-0.011	-0.004
State	0.272***	-0.064***	-0.241***	-0.005	0.011	0.037***	0.060***
H5	1	-0.059***	-0.111***	0.064***	-0.065***	0.081***	0.059***
Supv	-0.086***	1	0.011	-0.100***	-0.054***	-0.042***	-0.021*
Dual	-0.104***	0.013	1	0.017	0.003	0.002	-0.028**
Pay	0.071***	-0.088***	0.016	1	0.023**	0.163***	0.076***
Local	-0.057***	-0.061***	0.003	0.019*	1	-0.051***	0.070***
Big	0.084***	-0.024**	0.002	0.173***	-0.051***	1	0.049***
TE	0.049***	-0.028***	-0.036***	0.058***	0.050***	0.028**	1

注：***、**和*分别表示在1%、5%和10%的水平上显著相关。

（五）多元回归分析

表 4.7 列示了公司战略与避税程度及审计专家调节作用的多元回归结果。为缓解研究样本可能存在的截面异方差及时间序列自相关问题，本书同时在公司与年度两个维度对估计系数的标准误进行 Cluster 处理。

首先，表 4.7 的第二、第三列结果显示：以实际税率作为公司避税程度的替代测度指标，$Stra$ 的回归系数在 10% 的水平上显著为负；以会计账面与实际税负差异作为公司避税程度的替代测度指标，$Stra$ 的回归系数在 1% 的水平上显著为正。这表明公司战略定位越激进，公司的避税动机越强烈，避税策略越激进，实际税负越低，避税程度越高，支持假设 4.1，这与 Higgins 等（2015）、吕伟等

（2014）的研究结论相吻合。此外，在模型的控制变量方面，公司归属地税收征管强度的回归系数不显著，说明税收监管压力并不直接影响公司的避税策略；公司资产报酬率越高，盈利能力越强，避税程度越高。

其次，表4.7 的第四、第五列结果显示：以实际税率作为公司避税程度的测度指标，交乘项 $Stra \times Expt$ 的回归系数在1%的水平上显著为正；以会计账面与实际税负差异作为公司避税程度的测度指标，交乘项 $Stra \times Expt$ 的回归系数在1%的水平上显著为负。这说明审计专家拥有客户公司所属行业的财税知识专长，熟知该行业的税收征管制度及相关的税收优惠策略，但审计专家并未凭借自身专长去迎合客户公司的战略性避税需求。相反，审计专家作为某一行业的资深审计师典范，能够保持较好的独立性，凭借自身专长鉴别客户公司的激进避税策略，通过提高客户公司会计利润质量的方式，有效监督并抑制了客户公司激进的战略性避税行为，这支持假设4.2b。

表4.7 公司战略与避税程度及审计专家的调节作用

变量	ETR	BTD	ETR	BTD
$Stra$	-0.001* (-1.791)	0.001*** (2.984)	-0.002*** (-2.717)	0.001*** (3.624)
$Expt$			-0.121*** (-3.466)	0.032*** (3.091)
$Stra \times Expt$			0.006*** (3.436)	-0.002*** (-2.931)
$Size$	-0.016*** (-3.299)	-0.001 (-0.542)	-0.015*** (-3.147)	-0.001 (-0.619)
Lev	0.037*** (6.072)	0.003*** (9.084)	0.037*** (6.147)	0.003*** (9.362)

续表

变量	ETR	BTD	ETR	BTD
MB	0.027	0.069***	0.024	0.070***
	(0.810)	(5.875)	(0.757)	(5.910)
ROI	-0.012	0.013***	-0.012*	0.013***
	(-1.628)	(3.855)	(-1.655)	(3.859)
ROA	-1.697***	0.722***	-1.699***	0.723***
	(-10.847)	(19.330)	(-10.933)	(19.480)
CF	0.013***	-0.012***	0.013***	-0.012***
	(2.853)	(-5.175)	(2.943)	(-5.264)
PPE	-0.073***	-0.023***	-0.072***	-0.024***
	(-3.105)	(-2.610)	(-3.021)	(-2.673)
Inta	-0.056	-0.037	-0.070	-0.034
	(-1.145)	(-1.630)	(-1.443)	(-1.517)
Inv	0.155***	-0.071***	0.155***	-0.071***
	(6.161)	(-6.327)	(6.176)	(-6.362)
Loss	-0.011	0.002	-0.011	0.002
	(-0.617)	(0.991)	(-0.609)	(1.009)
TA	0.047	-0.023	0.048	-0.023
	(1.526)	(-1.232)	(1.534)	(-1.296)
State	0.004	-0.002	0.004	-0.002
	(0.609)	(-0.589)	(0.636)	(-0.599)
H5	0.090***	-0.035***	0.090***	-0.035***
	(2.896)	(-3.083)	(2.916)	(-3.089)
Supv	-0.003	0.001	-0.003	0.000
	(-0.494)	(0.222)	(-0.523)	(0.216)
Dual	-0.003	0.000	-0.003	0.000
	(-0.487)	(0.042)	(-0.416)	(0.012)
Pay	0.012**	-0.011***	0.012**	-0.011***
	(2.342)	(-5.171)	(2.286)	(-5.210)
Local	-0.006	-0.000	-0.005	-0.000
	(-0.880)	(-0.061)	(-0.799)	(-0.105)

续表

变量	ETR	BTD	ETR	BTD
Big	0.008 (0.562)	-0.004 (-1.108)	0.007 (0.513)	-0.004 (-1.006)
TE	-0.004 (-0.201)	0.008 (0.945)	-0.003 (-0.143)	0.007 (0.868)
截距项	0.414*** (3.786)	0.151*** (3.509)	0.423*** (3.838)	0.151*** (3.479)
事务所/年度/行业	控制	控制	控制	控制
调整 R^2	0.237	0.301	0.239	0.302
F 值	31.652	31.138	31.479	30.880
样本量	8429	8704	8429	8704

注：括号内为 t 值，***、**和*分别表示在1％、5％和10％的水平上显著；变量回归系数的标准误在公司层面与年度层面进行了 Cluster 调整。

第四节 稳健性分析

（一）考虑公司战略类型

借鉴 Bentley 等（2013）、孙健等（2016）的研究经验，本研究将公司战略类型划分为激进型、分析型和保守型3类。其中，公司战略指数大于24时界定为激进型，Off_Stra 取值1，否则取值0；公司战略指数小于12时界定为保守型，Def_Stra 取值1，否则取值0；其他则界定为分析型，Ana_Stra 取值1，否则取值0。但是，采用这一方法划分公司战略类型存在一个问题：公司战略指数在前后年度发生微小变化也可能导致战略类型的变化，尤其是 Stra 处于12或24附近时，更易发生类型变化。然而，公司战略作为全局性的长远规划，不会轻易发生类型与定位的重大变化，应避免这种人为划分导致的战略类型变化可能引起的测度偏误。因此，本研究将前后年度公司战略类型发生变化的样本删除，以保证样本公司战略的稳定性和数据合理性。

表 4.8 列示了划分公司战略类型的分析结果。表 4.8 的结果显示：首先，以实际税率作为公司避税程度的测度指标，激进型战略 Off_Stra 的系数显著为负，保守型战略 Def_Stra 的系数为正但不显著；其次，激进型战略与审计专家的交乘项 $Off\_Stra \times Expt$ 的系数显著为正，保守型战略与审计专家的交乘项 $Def\_Stra \times Expt$ 的系数为负但不显著。这说明，激进战略公司避税程度较高，但审计专家对激进战略公司的激进避税行为发挥了显著抑制作用，与前文结论一致。

表 4.8 划分公司战略类型的分析结果

变量	模型（4.1）	模型（4.2）
Off_Stra	-0.016*	-0.024**
	(-1.679)	(-2.527)
Def_Stra	0.001	0.008
	(0.072)	(0.549)
$Expt$		-0.013
		(-1.633)
$Off\_Stra \times Expt$		0.079**
		(2.555)
$Def\_Stra \times Expt$		-0.043
		(-1.013)
$Size$	-0.017***	-0.016***
	(-3.051)	(-2.933)
Lev	0.036***	0.036***
	(4.919)	(4.952)

续表

变量	模型 (4.1)	模型 (4.2)
MB	0.028	0.027
	(0.832)	(0.790)
ROI	-0.011	-0.011
	(-1.342)	(-1.385)
ROA	-1.710***	-1.713***
	(-10.369)	(-10.507)
CF	0.013**	0.013**
	(2.275)	(2.326)
PPE	-0.079***	-0.077***
	(-3.337)	(-3.265)
$Inta$	-0.104*	-0.114**
	(-1.769)	(-1.971)
Inv	0.172***	0.171***
	(5.955)	(5.983)
$Loss$	-0.007	-0.007
	(-0.381)	(-0.384)
TA	0.029	0.031
	(0.731)	(0.781)
$State$	0.004	0.005
	(0.641)	(0.718)
$H5$	0.107***	0.106***
	(3.284)	(3.214)
$Supv$	-0.001	-0.002
	(-0.164)	(-0.222)
$Dual$	-0.005	-0.005
	(-0.722)	(-0.719)
Pay	0.011**	0.011*
	(1.963)	(1.919)
$Local$	-0.004	-0.004
	(-0.600)	(-0.611)

续表

变量	模型（4.1）	模型（4.2）
Big	0.015	0.014
	(1.072)	(0.983)
TE	-0.011	-0.010
	(-0.620)	(-0.553)
截距项	0.399***	0.400***
	(3.048)	(3.048)
事务所/年度/行业	控制	控制
调整 R^2	0.236	0.238
F 值	25.416	24.926
样本量	6577	6577

注：括号内为 t 值，***、**和*分别表示在1%、5%和10%的水平上显著，变量回归系数的标准误在公司层面与年度层面进行了 Cluster 调整。

（二）关键变量的替代测度

1. 避税程度的替代测度

首先，借鉴 Desai 和 Dharmapala (2006) 的方法，考虑会计账面与实际税负中操控性的差异（BTD_d）作为避税程度替代测度指标的情况。估计方法如公式（4.3）所示，TA 表示应计利润除以总资产，残差 BTD_d 即为 BTD 中可操纵部分，BTD_d 数值越大表示避税程度越高。其次，借鉴吴联生（2009）的方法计算公司实际税率，如公式（4.4）所示，实际税率 ETR_1 越小表示避税程度越高。表4.9 列示了改变避税程度测度指标的分析结果，研究结论仍是稳健的。

$$BTD_{i,t} = \beta TA_{i,t} + \mu_i + \varepsilon_{i,t} \tag{4.3}$$

$$ETR\_1 = \frac{\text{所得税费用} - \text{递延所得税费用}}{\text{税前利润} - \frac{\text{递延税款变化额}}{\text{法定税率}}} \quad (4.4)$$

2. 审计专家的替代测度

首先，将所有 A 股上市公司的年报签字审计师按照行业审计经验积累情况分年度、分行业进行排序，将各年度行业排名前 10 的审计师界定为审计专家，$Expt_1$ 取值 1，否则取值 0；其次，将各年度行业排名前 10 且 10% 的审计师界定为审计专家，$Expt_2$ 取值 1，否则取值 0。表 4.9 表明改变审计专家的界定标准之后，研究结论与前文一致。

表 4.9　关键变量的替代测度

变量	BTD_d		ETR_1		$Expt_1$	$Expt_2$
$Stra$	0.001**	0.001***	-0.002***	-0.003***	-0.002**	-0.002**
	(2.563)	(3.151)	(-2.783)	(-3.115)	(-2.345)	(-2.192)
$Expt$		0.027***		-0.071*	-0.123***	-0.118**
		(2.872)		(-1.893)	(-2.640)	(-2.220)
$Stra \times Expt$		-0.001***		0.004*	0.006**	0.006**
		(-2.704)		(1.851)	(2.419)	(2.013)
$Size$	-0.001	-0.001	-0.012***	-0.011***	-0.015***	-0.015***
	(-0.280)	(-0.351)	(-3.520)	(-3.329)	(-3.192)	(-3.171)
Lev	0.003***	0.003***	0.007	0.007	0.037***	0.037***
	(8.071)	(8.329)	(1.529)	(1.518)	(6.104)	(6.113)
MB	0.059***	0.060***	0.040	0.039	0.024	0.024
	(5.334)	(5.367)	(1.474)	(1.430)	(0.736)	(0.739)
ROI	0.011***	0.011***	-0.006	-0.007	-0.012*	-0.012
	(3.636)	(3.634)	(-1.019)	(-1.041)	(-1.648)	(-1.632)
ROA	0.606***	0.606***	-1.198***	-1.200***	-1.702***	-1.703***
	(24.306)	(24.482)	(-11.963)	(-12.005)	(-10.855)	(-10.853)

续表

变量	BTD_d	BTD_d	ETR_1	ETR_1	$Expt_1$	$Expt_2$
CF	-0.004**	-0.004**	0.013***	0.013***	0.013***	0.013***
	(-2.247)	(-2.302)	(2.977)	(3.043)	(2.940)	(2.963)
PPE	-0.016*	-0.016**	-0.018	-0.018	-0.072***	-0.071***
	(-1.920)	(-1.976)	(-0.832)	(-0.795)	(-3.037)	(-3.012)
$Inta$	-0.033	-0.031	0.057	0.051	-0.067	-0.065
	(-1.597)	(-1.491)	(1.291)	(1.146)	(-1.400)	(-1.359)
Inv	-0.065***	-0.064***	0.118***	0.117***	0.155***	0.155***
	(-6.219)	(-6.267)	(5.918)	(5.906)	(6.151)	(6.164)
$Loss$	-0.001	-0.001	-0.017	-0.016	-0.011	-0.011
	(-0.404)	(-0.372)	(-1.095)	(-1.089)	(-0.630)	(-0.633)
TA	-0.168***	-0.169***	0.065*	0.066*	0.048	0.048
	(-11.443)	(-11.606)	(1.825)	(1.869)	(1.573)	(1.565)
$State$	-0.003	-0.003	0.004	0.004	0.004	0.004
	(-0.971)	(-0.981)	(0.714)	(0.743)	(0.614)	(0.597)
$H5$	-0.031***	-0.031***	0.085***	0.085***	0.091***	0.092***
	(-2.872)	(-2.876)	(3.128)	(3.156)	(2.937)	(2.960)
$Supv$	0.001	0.001	-0.004	-0.004	-0.003	-0.003
	(0.466)	(0.462)	(-0.746)	(-0.753)	(-0.510)	(-0.500)
$Dual$	0.000	-0.000	-0.011	-0.011	-0.003	-0.003
	(0.001)	(-0.025)	(-1.472)	(-1.426)	(-0.466)	(-0.460)
Pay	-0.010***	-0.010***	0.002	0.001	0.012**	0.011**
	(-5.229)	(-5.270)	(0.337)	(0.307)	(2.300)	(2.247)
$Local$	-0.001	-0.001	-0.010*	-0.009*	-0.005	-0.005
	(-0.319)	(-0.358)	(-1.874)	(-1.830)	(-0.840)	(-0.831)
Big	-0.002	-0.002	-0.005	-0.005	0.007	0.007
	(-0.778)	(-0.696)	(-0.304)	(-0.333)	(0.486)	(0.484)
TE	0.007	0.007	-0.014	-0.013	-0.002	-0.002
	(0.925)	(0.857)	(-0.957)	(-0.880)	(-0.113)	(-0.132)
截距项	0.139***	0.139***	0.468***	0.472***	0.416***	0.414***
	(3.435)	(3.404)	(4.622)	(4.596)	(3.813)	(3.783)

续表

变量	BTD_d		ETR_1		$Expt_1$	$Expt_2$
事务所/年度/行业	控制	控制	控制	控制	控制	控制
调整 R^2	0.255	0.256	0.170	0.171	0.238	0.238
F 值	33.699	33.361	18.250	18.027	31.354	31.306
样本量	8704	8704	6212	6212	8429	8429

注：括号内为 t 值，***、** 和 * 分别表示在1%、5%和10%的水平上显著，变量回归系数的标准误在公司层面与年度层面进行了 Cluster 调整。

（三）内生性问题

关于公司战略与避税程度的研究结论可能存在两种原因导致的内生性问题。其一，公司管理者的风险偏好会影响公司战略定位，也可能影响公司避税策略，此时公司战略对公司避税的影响可能存在潜在的变量遗漏问题；其二，公司战略与避税程度之间可能存在潜在互为因果的关系，这种自选择问题可能导致研究结论偏误。诚然，刘行（2016）研究表明公司战略作为全局性的长远规划，管理者特征及变更对其的影响是有限的，而且本研究针对公司战略稳定性的检验结果也表明我国上市公司的战略稳定性较高。即便如此，我们仍无法排除诸如管理者风险偏好等特征变量遗漏问题。为缓解上述原因可能导致的内生性问题，本研究采取以下方法。

1. 缓解潜在的变量遗漏问题

借鉴刘行（2016）的经验，在模型中纳入管理者风险偏好的特征变量予以检验，包括高管平均年龄（GGage）、女性高管比例（GGgender）、董事会女性比例（Boardgender）、独立董事女性比例（Indepgender）4个变量，表4.10列示了考虑内生性问题的分析结果：第二、第三列的结果表明控制潜在遗漏变量问题之后，研究结论仍稳健。此外，管理者风险偏好特征并未显著影响公司战略类型，说明公司战略作为全局性规划是保持相对稳定的。

表4.10 考虑潜在的变量遗漏问题

变量	模型（4.1）	模型（4.2）
Stra	-0.001*	-0.002***
	(-1.732)	(-2.670)
Expt		-0.120***
		(-3.404)
Stra × Expt		0.006***
		(3.390)
GGage	0.000	0.001
	(0.515)	(0.604)
GGgender	-0.029	-0.027
	(0.000)	(0.000)
Boardgender	-0.038	-0.038
	(-1.177)	(-1.159)
Indepgender	0.028	0.027
	(1.480)	(1.426)
Size	-0.017***	-0.016***
	(-3.426)	(-3.273)
Lev	0.037***	0.037***
	(6.066)	(6.143)
MB	0.027	0.025
	(0.811)	(0.757)
ROI	-0.012*	-0.012*
	(-1.672)	(-1.696)
ROA	-1.694***	-1.696***
	(-10.676)	(-10.759)

续表

变量	模型（4.1）	模型（4.2）
CF	0.013***	0.013***
	(2.836)	(2.923)
PPE	-0.076***	-0.074***
	(-3.264)	(-3.181)
Inta	-0.061	-0.074
	(-1.231)	(-1.525)
Inv	0.156***	0.155***
	(6.222)	(6.233)
Loss	-0.011	-0.011
	(-0.648)	(-0.638)
TA	0.047	0.047
	(1.508)	(1.514)
State	0.001	0.001
	(0.193)	(0.205)
H5	0.090***	0.091***
	(2.893)	(2.913)
Supv	-0.003	-0.003
	(-0.471)	(-0.497)
Dual	-0.002	-0.002
	(-0.376)	(-0.311)
Pay	0.011**	0.011**
	(2.191)	(2.130)
Local	-0.005	-0.005
	(-0.843)	(-0.767)
Big	0.007	0.007
	(0.540)	(0.495)
TE	-0.003	-0.002
	(-0.156)	(-0.104)
截距项	0.414***	0.419***
	(3.667)	(3.688)

续表

变量	模型 (4.1)	模型 (4.2)
事务所/年度/行业	控制	控制
调整 R^2	0.238	0.240
F 值	30.149	30.012
样本量	8429	8429

注：括号内为 t 值，***、**和*分别表示在1%、5%和10%的水平上显著，变量回归系数的标准误在公司层面与年度层面进行了 Cluster 调整。

2. 缓解潜在的自选择问题

构建 Heckman 两阶段模型予以检验（见表 4.11）。第一阶段构建公司战略选择模型（见公式 4.5），Off_Stra 表示激进型战略，Def_Stra 表示保守型战略，选择公司战略类型滞后一期 LOff_Stra 与 LDef_Stra 和公司上市年数 Listyears 作为工具变量，进行 Probit 回归，分别计算两个逆米尔斯比率 IMR，命名为 IMR_Off_Stra 和 IMR_Def_Stra，然后将其分别代入模型（4.1）和模型（4.2）重新进行回归。表 4.11 列示了考虑内生性问题的分析结果，第二、第三列表示两阶段模型的第二阶段回归结果，以实际税率作为公司避税程度的测度指标，控制自选择问题之后，研究结论与前文一致。未在表 4.11 列示的第一阶段结果显示：LOff_Stra 的回归系数为 1.682 且在 1% 的水平上显著，Listyears 的回归系数为 0.044 且在 1% 的水平上显著。这说明前后年度的公司战略类型是非常稳定的，而且公司上市年数越长，战略类型越趋向于激进型，表明工具变量选取是较为恰当的。

$$Off\_Stra_{i,t}(Def\_Stra_{i,t}) = \alpha_0 + \alpha_1 LOff\_Stra_{i,t}(LDef\_Stra_{i,t}) + \alpha_2 Listyears_{i,t} +$$
$$\sum Controls_{i,t} + \sum AudFirm_{i,t} + \sum Year_{i,t} + \sum Ind_{i,t} + \varepsilon_{i,t} \quad (4.5)$$

表 4.11　Heckman 两阶段模型

变量	模型 (4.1)	模型 (4.2)
$Stra$	-0.002*	-0.002***
	(-1.919)	(-2.790)
$Expt$		-0.116***
		(-3.347)
$Stra \times Expt$		0.006***
		(3.325)
IMR_Off_Stra	0.001	0.001
	(0.378)	(0.332)
IMR_Def_Stra	0.010	0.009
	(1.482)	(1.398)
$Size$	-0.017***	-0.016***
	(-3.422)	(-3.279)
Lev	0.038***	0.037***
	(6.447)	(6.493)
MB	0.036	0.034
	(1.037)	(0.977)
ROI	-0.013*	-0.013*
	(-1.831)	(-1.852)
ROA	-1.682***	-1.684***
	(-10.691)	(-10.745)
CF	0.012***	0.012***
	(2.678)	(2.777)
PPE	-0.059**	-0.058**
	(-2.430)	(-2.422)
$Inta$	-0.145	-0.153*
	(-1.614)	(-1.737)
Inv	0.158***	0.157***
	(6.290)	(6.316)
$Loss$	-0.010	-0.010
	(-0.566)	(-0.561)

续表

变量	模型 (4.1)	模型 (4.2)
TA	0.035	0.036
	(1.085)	(1.120)
State	0.005	0.005
	(0.754)	(0.774)
H5	0.102***	0.102***
	(3.293)	(3.314)
Supv	-0.004	-0.004
	(-0.648)	(-0.668)
Dual	-0.003	-0.003
	(-0.549)	(-0.479)
Pay	0.012**	0.011**
	(2.252)	(2.201)
Local	-0.005	-0.005
	(-0.791)	(-0.720)
Big	0.007	0.007
	(0.518)	(0.477)
TE	-0.005	-0.004
	(-0.290)	(-0.234)
截距项	0.411***	0.420***
	(3.813)	(3.870)
事务所/年度/行业	控制	控制
调整 R^2	0.237	0.239
F 值	31.263	31.062
样本量	8429	8429

注：括号内为 t 值，***、**和*分别表示在1%、5%和10%的水平上显著，变量回归系数的标准误在公司层面与年度层面进行了 Cluster 调整。

3. 构建处理效应模型

选择公司战略类型滞后一期 $LOff\_Stra$ 与 $LDef\_Stra$ 和公司上市

年数 $Listyears$ 作为工具变量,因 1014 个样本公司战略类型滞后一期数据缺失,导致样本量为 7415 个。表 4.12 列示了考虑内生性问题的分析结果,第二、第三列表示处理效应模型的第二阶段回归结果,研究结论仍是稳健的。此外,未在表 4.12 列示的工具变量有效性检验结果显示:统计量 P 值为 0.000,说明工具变量不存在识别不足问题;Cragg-Donald Wald F 统计量为 595.193,显著大于 Stock-Yogo 的弱工具变量检验临界值,拒绝了弱工具变量假设,说明工具变量选取较为合理。

表 4.12 处理效应模型

变量	模型 (4.1)	模型 (4.2)
$Stra$	-0.019* (-1.747)	-0.025** (-2.221)
$Expt$		-0.016** (-2.358)
$Stra \times Expt$		0.060*** (2.767)
$Size$	-0.017*** (-5.733)	-0.016*** (-5.481)
Lev	0.036*** (12.341)	0.036*** (12.342)
MB	0.032** (2.088)	0.030** (1.964)
ROI	-0.011** (-2.186)	-0.012** (-2.262)
ROA	-1.701*** (-24.000)	-1.703*** (-24.049)
CF	0.013*** (3.762)	0.013*** (3.789)

续表

变量	模型（4.1）	模型（4.2）
PPE	-0.073***	-0.073***
	(-4.504)	(-4.501)
Inta	-0.077*	-0.085**
	(-1.892)	(-2.086)
Inv	0.165***	0.164***
	(8.858)	(8.782)
Loss	-0.009	-0.009
	(-1.128)	(-1.135)
TA	0.039	0.039
	(1.222)	(1.225)
State	0.004	0.004
	(0.743)	(0.893)
H5	0.105***	0.104***
	(5.428)	(5.360)
Supv	-0.002	-0.002
	(-0.410)	(-0.447)
Dual	-0.000	-0.000
	(-0.085)	(-0.087)
Pay	0.012***	0.011***
	(3.243)	(3.158)
Local	-0.002	-0.002
	(-0.467)	(-0.437)
Big	0.009	0.008
	(0.617)	(0.519)
TE	-0.014	-0.013
	(-1.072)	(-1.037)
截距项	0.392***	0.394***
	(5.376)	(5.399)
事务所/年度/行业	控制	控制

续表

变量	模型（4.1）	模型（4.2）
调整 R^2	—	—
F 值	2397.730	2411.430
样本量	7415	7415

注：括号内为 t 值，***、** 和 * 分别表示在 1%、5% 和 10% 的水平上显著，变量回归系数的标准误在公司层面与年度层面进行了 Cluster 调整。

4. 其他稳健测试

为保证研究结论的稳健性，本研究还进行了其他测试。

（1）剔除仅有一年观测值的样本。表 4.13 列示了剔除仅有一年观测值样本的结果。结果显示：剔除仅有一年观测值的样本后，公司战略指数（$Stra$）的回归系数均在 10% 的水平上显著为负，公司战略与审计专家的交乘项（$Stra \times Expt$）的回归系数均在 1% 的水平上显著为正，研究结论与前文一致。

表 4.13 剔除仅有一年观测值样本的分析结果

变量	模型（4.1）	模型（4.2）
$Stra$	-0.001* (-1.870)	-0.002** (-2.438)
$Expt$		-0.112*** (-3.050)
$Stra \times Expt$		0.006*** (3.053)
$Size$	-0.013*** (-2.785)	-0.015*** (-3.106)
Lev	0.011** (2.297)	0.037*** (6.143)

续表

变量	模型（4.1）	模型（4.2）
MB	0.032	0.026
	(0.955)	(0.821)
ROI	-0.011	-0.011
	(-1.404)	(-1.475)
ROA	-1.832***	-1.692***
	(-12.211)	(-10.893)
CF	0.013***	0.013***
	(2.832)	(2.939)
PPE	-0.060***	-0.076***
	(-2.617)	(-3.196)
Inta	-0.040	-0.066
	(-0.802)	(-1.329)
Inv	0.154***	0.152***
	(5.936)	(5.963)
Loss	0.002	-0.013
	(0.084)	(-0.687)
TA	0.039	0.044
	(1.178)	(1.317)
State	0.004	0.005
	(0.606)	(0.769)
H5	0.083**	0.092***
	(2.484)	(2.717)
Supv	-0.002	-0.003
	(-0.363)	(-0.458)
Dual	-0.002	-0.003
	(-0.354)	(-0.417)
Pay	0.009*	0.012**
	(1.725)	(2.352)
Local	-0.005	-0.004
	(-0.867)	(-0.605)

续表

变量	模型（4.1）	模型（4.2）
Big	0.007	0.006
	(0.486)	(0.408)
TE	-0.003	-0.003
	(-0.151)	(-0.144)
截距项	0.416***	0.393***
	(3.820)	(3.548)
事务所/年度/行业	控制	控制
调整 R^2	0.226	0.239
F 值	28.977	30.149
样本量	8071	8071

注：括号内为 t 值，***、**和*分别表示在1%、5%和10%的水平上显著，变量回归系数的标准误在公司层面与年度层面进行了 Cluster 调整。

（2）剔除由国际"四大"事务所审计的公司样本。为避免事务所层面的异质性影响，剔除由国际四大事务所审计的公司样本。表4.14 结果的显示：剔除国际"四大"审计样本后，公司战略指数（Stra）的回归系数均在10%的水平上显著为负，公司战略与审计专家的交乘项（Stra × Expt）的回归系数均在1%的水平上显著为正，研究结论与前文一致。

表4.14 剔除国际"四大"审计样本的分析结果

变量	模型（4.1）	模型（4.2）
Stra	-0.001*	-0.002**
	(-1.763)	(-2.468)
Expt		-0.101***
		(-2.666)

续表

变量	模型 (4.1)	模型 (4.2)
$Stra \times Expt$		0.006***
		(2.751)
$Size$	-0.017***	-0.016***
	(-3.591)	(-3.538)
Lev	0.038***	0.038***
	(5.951)	(6.040)
MB	0.029	0.028
	(0.857)	(0.823)
ROI	-0.012	-0.012
	(-1.463)	(-1.480)
ROA	-1.681***	-1.681***
	(-10.321)	(-10.419)
CF	0.014***	0.014***
	(3.278)	(3.323)
PPE	-0.081***	-0.080***
	(-3.184)	(-3.136)
$Inta$	-0.057	-0.069
	(-1.088)	(-1.342)
Inv	0.154***	0.154***
	(5.886)	(5.918)
$Loss$	-0.018	-0.018
	(-0.996)	(-0.983)
TA	0.058**	0.057**
	(2.102)	(2.067)
$State$	0.005	0.005
	(0.781)	(0.786)
$H5$	0.080**	0.079**
	(2.458)	(2.420)
$Supv$	-0.001	-0.001
	(-0.079)	(-0.120)

续表

变量	模型 (4.1)	模型 (4.2)
Dual	-0.002	-0.002
	(-0.340)	(-0.290)
Pay	0.011**	0.011**
	(2.235)	(2.242)
Local	-0.006	-0.006
	(-0.813)	(-0.823)
Big	0.008	0.008
	(0.556)	(0.572)
TE	-0.008	-0.007
	(-0.402)	(-0.376)
截距项	0.399***	0.406***
	(3.567)	(3.622)
事务所/年度/行业	控制	控制
调整 R^2	0.238	0.240
F 值	31.068	30.727
样本量	7875	7875

注：括号内为 t 值，***、**和*分别表示在1%、5%和10%的水平上显著，变量回归系数的标准误在公司层面与年度层面进行了 Cluster 调整。

（3）考虑公司归属地的市场化发展水平。表4.15列示了考虑公司归属地市场化发展水平的结果。结果显示：纳入公司归属地的市场化发展水平指数（$Market$）后，公司战略指数（$Stra$）的回归系数均在10%的水平上显著为负，公司战略与审计专家的交乘项（$Stra \times Expt$）的回归系数均在1%的水平上显著为正，研究结论与前文一致。因此，经过上述测试之后研究结论依然稳健。

表 4.15　考虑公司归属地市场化发展水平的分析结果

变量	模型（4.1）	模型（4.2）
$Stra$	-0.002*	-0.002***
	(-1.885)	(-2.782)
$Expt$		-0.119***
		(-3.383)
$Stra \times Expt$		0.006***
		(3.362)
$Market$	-0.003	-0.002
	(-1.274)	(-1.076)
$Size$	-0.016***	-0.016***
	(-3.345)	(-3.184)
Lev	0.037***	0.037***
	(6.053)	(6.128)
MB	0.026	0.024
	(0.799)	(0.748)
ROI	-0.012	-0.012
	(-1.588)	(-1.618)
ROA	-1.697***	-1.699***
	(-10.787)	(-10.880)
CF	0.013***	0.013***
	(2.825)	(2.920)
PPE	-0.076***	-0.074***
	(-3.219)	(-3.124)
$Inta$	-0.057	-0.071
	(-1.160)	(-1.451)
Inv	0.155***	0.155***
	(6.129)	(6.150)
$Loss$	-0.010	-0.011
	(-0.614)	(-0.606)

续表

变量	模型 (4.1)	模型 (4.2)
TA	0.045	0.046
	(1.461)	(1.480)
State	0.003	0.004
	(0.508)	(0.547)
H5	0.092***	0.092***
	(2.948)	(2.956)
Supv	-0.003	-0.004
	(-0.532)	(-0.556)
Dual	-0.002	-0.002
	(-0.402)	(-0.345)
Pay	0.013**	0.012**
	(2.466)	(2.379)
Local	-0.004	-0.003
	(-0.533)	(-0.503)
Big	0.008	0.007
	(0.568)	(0.520)
TE	-0.005	-0.004
	(-0.262)	(-0.195)
截距项	0.425***	0.432***
	(3.869)	(3.902)
事务所/年度/行业	控制	控制
调整 R^2	0.237	0.239
F 值	31.475	31.288
样本量	8429	8429

注：括号内为 t 值，***、**和*分别表示在1%、5%和10%的水平上显著，变量回归系数的标准误在公司层面与年度层面进行了 Cluster 调整。

第五节 拓展分析

(一) 公司避税路径合法性分析

在实务中,公司避税行为是否合法取决于税务机关的裁定,由于制度监管存在漏洞或执法不完备,即使公司未因非法避税而遭处罚,也并不代表公司避税行为是完全合法的。因此,研究人员很难准确判断公司避税行为合法与否,现有文献也极少考虑公司避税行为的合法性问题并进行实证检验。但毋庸置疑,考虑公司避税行为的合法性问题仍具有重要的现实意义。幸运的是,马光荣、李力行(2012)和李维安、徐业坤(2013)已在这一方向展开有益尝试并构建了测度指标,采用国民收入核算方法计算公司的推算利润,通过公司报告利润与推算利润之间的敏感度来间接反映公司非法避税程度,即公司报告利润偏离推算利润的程度越高,公司非法逃税程度就越高。本研究借鉴这一研究思路与方法,构建模型(4.6)和模型(4.7),其中报告利润($Rpro_{i,t}$)等于利润总额与总资产的比值,推算利润($Pro_{i,t}$)等于主营业务收入扣除主营业务成本、财务费用、支付给职工以及为职工支付的现金、固定资产折旧以及所得税后与总资产的比值,控制变量$Controls_{i,t}$与前文模型(4.1)相同。本研究主要关注$Stra \times Pro$和$Stra \times Expt \times Pro$的系数,若$Stra \times Pro$的系数为负,表明公司战略越激进,报告利润与推算利润之间偏离度越大,非法避税程度越高;若$Stra \times Expt \times Pro$的系数为正,则说明审计专家抑制了激进战略公司的非法避税行为。表4.16给出了公司战略与避税合法性检验的结果,结果表明:首先,$Stra \times Pro$的系数显著为负,说明公司战略越激进,逃税倾向越大,非法避税程度越高；其次，$Stra \times Expt \times Pro$ 的系数显著为正，说明审计专家能够有效抑制激进战略公司的非法避税行为。

$$Rpro_{i,t} = (\alpha_0 + \alpha_1 Stra_{i,t} + \sum Controls_{i,t}) \times Pro_{i,t} + \beta_0 + \beta_1 Stra_{i,t} + \sum Controls_{i,t} + \varepsilon_{i,t} \quad (4.6)$$

$$Rpro_{i,t} = (\alpha_0 + \alpha_1 Stra_{i,t} + \alpha_2 Expt_{i,t} + \alpha_3 Stra_{i,t} \times Expt_{i,t} + \sum Controls_{i,t}) \times Pro_{i,t} + \beta_0 + \beta_1 Stra_{i,t} + \beta_2 Expt_{i,t} + \beta_3 Stra_{i,t} \times Expt_{i,t} + \sum Controls_{i,t} + \varepsilon_{i,t} \quad (4.7)$$

表 4.16　公司战略与避税合法性

变量	模型（4.6）	模型（4.7）
Pro	0.062 (1.375)	0.064 (1.427)
$Stra$	−0.000* (−1.889)	−0.000** (−2.251)
$Stra \times Pro$	−0.001** (−1.985)	−0.001** (−2.467)
$Expt$		−0.001 (−0.561)
$Expt \times Pro$		−0.039 (−1.369)
$Stra \times Expt$		0.000 (0.429)
$Stra \times Expt \times Pro$		0.003* (1.724)
$Size$	−0.000 (−1.242)	−0.000 (−1.358)
Lev	−0.001*** (−4.666)	−0.001*** (−4.735)

续表

变量	模型（4.6）	模型（4.7）
MB	0.001	0.001
	(0.819)	(0.944)
ROI	-0.001***	-0.001***
	(-3.567)	(-3.581)
ROA	1.150***	1.150***
	(14.897)	(14.735)
CF	0.001***	0.001***
	(5.762)	(5.707)
PPE	0.002	0.002
	(1.558)	(1.510)
Inta	0.011***	0.011***
	(4.719)	(4.549)
Inv	0.000	-0.000
	(0.056)	(-0.010)
Loss	0.000	0.000
	(1.001)	(0.988)
TA	0.006***	0.006***
	(4.069)	(4.157)
State	-0.000*	-0.000*
	(-1.740)	(-1.707)
H5	0.003***	0.003***
	(2.619)	(2.643)
Supv	-0.001**	-0.001**
	(-2.445)	(-2.414)
Dual	-0.000	0.000
	(-0.002)	(0.022)
Pay	0.000**	0.000**
	(2.358)	(2.364)
Local	-0.000*	-0.000
	(-1.649)	(-1.588)

续表

变量	模型 (4.6)	模型 (4.7)
Big	-0.001*	-0.001
	(-1.667)	(-1.463)
TE	0.000	0.000
	(0.319)	(0.359)
$Size \times Pro$	-0.002	-0.002
	(-1.436)	(-1.310)
$Lev \times Pro$	-0.004**	-0.004**
	(-2.220)	(-2.267)
$MB \times Pro$	0.005	0.004
	(0.533)	(0.399)
$ROI \times Pro$	0.022**	0.022**
	(2.154)	(2.163)
$ROA \times Pro$	0.069*	0.070*
	(1.816)	(1.835)
$CF \times Pro$	0.004**	0.004**
	(2.289)	(2.394)
$PPE \times Pro$	0.005	0.006
	(0.266)	(0.327)
$Inta \times Pro$	0.092**	0.092**
	(2.115)	(2.086)
$Inv \times Pro$	0.074***	0.075***
	(4.279)	(4.415)
$Loss \times Pro$	-0.003	-0.003
	(-0.356)	(-0.383)
$TA \times Pro$	0.046**	0.047**
	(2.125)	(2.187)
$State \times Pro$	0.006	0.005
	(1.496)	(1.385)
$H5 \times Pro$	-0.000	-0.000
	(-0.465)	(-0.420)

续表

变量	模型（4.6）	模型（4.7）
$Supv \times Pro$	0.002	0.002
	(0.595)	(0.606)
$Dual \times Pro$	-0.007	-0.007*
	(-1.640)	(-1.681)
$Pay \times Pro$	-0.002	-0.002
	(-0.821)	(-0.886)
$Local \times Pro$	0.005	0.005
	(1.338)	(1.249)
$Big \times Pro$	0.005	0.005
	(1.119)	(1.021)
$TE \times Pro$	0.017	0.017
	(1.610)	(1.552)
截距项	-0.002	-0.002
	(-0.687)	(-0.651)
事务所	控制	控制
年度	控制	控制
行业	控制	控制
调整 R^2	0.983	0.983
F 值	3362.271	3271.190
样本量	8429	8429

注：括号内为 t 值，***、**和*分别表示在1%、5%和10%的水平上显著，变量回归系数的标准误在公司层面与年度层面进行了 Cluster 调整。

（二）审计专家监督效应的约束机制之一：审计独立性

众所周知，外部审计发挥公司鉴证与监督职能时受到诸多因素的共同影响，包括客户公司异质性、会计师事务所主体特征及审计师个体差异等，这些因素共同构成了审计职能的内外约束机制。为考察审计专家对公司战略性避税行为发挥监督作用的约束机制，本研究构建模型（4.8），其中，$X_{i,t}$ 表示不同维度的约束机制，交乘项 $Stra_{i,t} \times Expt_{i,t} \times X_{i,t}$ 的系数 α_7 反映了不同维度的约束机制对审计专家监督效应产生的影响，其他变量同模型（4.2）。需要说明的是，限于篇幅，在拓展分析部分主要列示以实际税率 ETR 作为公司避税程度测度指标的结果，未列示会计账面与实际税负差异 BTD 的结果，但获得的结论是一致的。

$$ETR_{i,t}(BTD_{i,t}) = \alpha_0 + \alpha_1 Stra_{i,t} + \alpha_2 Expt_{i,t} + \alpha_3 X_{i,t} + \alpha_4 Stra_{i,t} \times Expt_{i,t} +$$
$$\alpha_5 Stra_{i,t} \times X_{i,t} + \alpha_6 Expt_{i,t} \times X_{i,t} + \alpha_7 Stra_{i,t} \times Expt_{i,t} \times X_{i,t} +$$
$$\sum Controls_{i,t} + \sum AudFirm_{i,t} + \sum Year_{i,t} + \sum Ind_{i,t} + \varepsilon_{i,t} \quad (4.8)$$

独立性是审计职业的基石，也是审计质量的保障。然而，审计独立性的影响因素众多，其中审计师的任期及审计师对客户公司的经济依赖度是影响审计独立性的重要因素。因此，本研究从以下两个角度测度审计独立性。

1. 新客户

新客户，记为 New。若公司聘请的会计师事务所及负责年报审计的签字审计师的审计任期均大于一年，表示该客户公司为老客户，New 取值为 0，否则为新客户，New 取值为 1，通常认为新客户业务中审计独立性较强。表 4.17 列示了审计专家监督效应约束机制的分析结果，第二列显示：以实际税率作为公司避税程度的测度指标，交乘项 $Stra \times Expt \times New$ 的回归系数为 0.005，在 10% 的水平上显著。这说明在新客户业务中，由于审计团队对新客户的了解及审计经验不足，审计专家的个人专长尤为重要，而且初次审计中审计专家的独立性相对更强，充分保障了审计专家监督效应的发挥，更好地抑制了战略激进公司的激进避税行为。相反，在老客户业务中，审计专家与客户管理层之间的关系在一定程度上损害了审计独立性，不利于审计专家监督效应的发挥。

2. 重要客户

重要客户，记为 Imp。设公司 i 第 t 年的签字审计师对公司 i 的经济依赖度为 $Impx_{i,t}$，$Impx_{i,t}$ 表示公司 i 总资产除以签字审计师当年审计的所有客户公司总资产的合计数（取两位签字审计师的均值），若 $Impx_{i,t}$ 高于该年度该行业所有签字审计师对其客户公司经济依赖度的均值，意味着公司 i 在第 t 年是签字审计师的重要客户，审计师对重要客户 i 的经济依赖度较高，Imp 取值为 1，否则取值为 0。表4.17 列示了审计专家监督效应约束机制的分析结果，第三列的结果显示：以实际税率作为公司避税程度的测度指标，交乘项 $Stra \times Expt \times Imp$ 的回归系数为 0.004，在 10% 的水平上显著，这说明审计专家对经济依赖度较高的重要客户更加重视，能够保持较好的审计独立性，未向重要客户妥协并迎合其战略性避税行为，而是发挥了审计监督作用。上述结果综合表明，审计专家监督效应的发挥取决于审计独立性。

表 4.17　审计专家监督效应的约束机制之一：审计独立性

变量	New	Imp
$Stra$	-0.001*	-0.001
	(-1.681)	(-1.357)
$Expt$	-0.078*	-0.072*
	(-1.783)	(-1.811)
X	0.036*	0.034
	(1.937)	(1.585)
$Stra \times Expt$	0.004*	0.004**
	(1.836)	(2.126)

续表

变量	New	Imp
$Stra \times X$	-0.002*	-0.001
	(-1.728)	(-1.037)
$Expt \times X$	-0.114**	-0.091**
	(-2.175)	(-2.201)
$Stra \times Expt \times X$	0.005*	0.004*
	(1.748)	(1.659)
$Size$	-0.015***	-0.016***
	(-3.149)	(-3.321)
Lev	0.037***	0.037***
	(6.095)	(6.046)
MB	0.024	0.025
	(0.736)	(0.773)
ROI	-0.012*	-0.012
	(-1.649)	(-1.634)
ROA	-1.699***	-1.704***
	(-10.908)	(-11.040)
CF	0.013***	0.013***
	(2.957)	(2.917)
PPE	-0.071***	-0.073***
	(-2.996)	(-3.074)
$Inta$	-0.070	-0.073
	(-1.443)	(-1.502)
Inv	0.156***	0.154***
	(6.241)	(6.167)
$Loss$	-0.011	-0.011
	(-0.624)	(-0.604)
TA	0.049	0.047
	(1.567)	(1.508)
$State$	0.004	0.004
	(0.600)	(0.573)

续表

变量	New	Imp
H5	0.090***	0.092***
	(2.936)	(2.968)
Supv	-0.003	-0.003
	(-0.507)	(-0.530)
Dual	-0.003	-0.002
	(-0.435)	(-0.407)
Pay	0.011**	0.011**
	(2.289)	(2.284)
Local	-0.005	-0.005
	(-0.788)	(-0.720)
Big	0.007	0.007
	(0.506)	(0.462)
TE	-0.003	-0.002
	(-0.149)	(-0.087)
截距项	0.405***	0.431***
	(3.674)	(3.782)
事务所/年度/行业	控制	控制
调整 R^2	0.239	0.240
F 值	30.157	30.217
样本量	8429	8429

注：括号内为 t 值，***、**和*分别表示在1%、5%和10%的水平上显著，变量回归系数的标准误在公司层面与年度层面进行了 Cluster 调整。

（三）审计专家监督效应的约束机制之二：会计师事务所的异质性

会计师事务所是审计师开展审计业务的依托单位，公司聘请的事务所类型及规模不同，市场声誉及所专注的行业领域也不尽相同，继而逐渐形成了事务所主体层面的市场声誉效应及专长效应，这可能会影响审计专家效应的发挥。

1. 事务所声誉效应

事务所声誉效应，记为 Rep。借鉴以往研究经验，根据中国注册会计师协会公布的会计师事务所综合评价信息，界定国际四大和国内前十大事务所作为具备较高声誉的事务所，Rep 取值为 1，否则取值为 0。表 4.18 列示了审计专家监督效应约束机制的分析结果，第二列的结果显示：以实际税率作为公司避税程度的测度指标，交乘项 $Stra \times Expt \times Rep$ 的回归系数为 -0.003，未达到 10% 的显著性水平，这说明事务所声誉效应与审计专家监督效应之间可能存在部分替代作用，在声誉相对不高的非大型事务所中，审计专家的个人专长作用更加重要。此外，未在表 4.18 列示的结果显示：以国际四大事务所作为事务所声誉效应的替代测度，结论基本一致；而且，无论是国际四大还是国内前十大事务所，本身对公司战略性避税行为无显著影响。

2. 事务所专长效应

事务所专长效应，记为 $FirmSpe$。首先，采用客户组合法分年度计算每家事务所在各行业累计审计的客户公司总资产的合计数，作为行业经验积累的测度指标，记为 $Spe_{i,t,k}$；然后，若公司 i 在第 t 年聘请的事务所在公司所属行业 K 的行业经验积累 $Spe_{i,t,k}$ 超过行业年度 75% 分位数，视为具备行业专长，$FirmSpe$ 取值为 1，否则取值为 0。表 4.18 列示了审计专家监督效应约束机制的分析结果，第三列的结果显示：以实际税率作为公司避税程度的测度指标，交乘项 $Stra \times Expt \times FirmSpe$ 的回归系数为 0.009，在 5% 的水平上显著，这说明事务所专长效应与审计专家监督效应之间可能存在显著的互补作用，当事务所在客户所属行业的审计经验积累具备优势时，意味着所内审计人员对该行业公司的财务知识更为熟悉，这有利于签字审计师发挥个人审计专长和专家监督作用，抑制客户公司的战略性避税行为。因此，无论是审计师个人还是会计师事务所主体，培养审计行业专长均具有重要意义。

表4.18 审计专家监督效应的约束机制之二：会计师事务所的异质性

变量	Rep	FirmSpe
$Stra$	-0.003**	-0.002*
	(-2.518)	(-1.706)
$Expt$	-0.163***	-0.106***
	(-3.665)	(-2.777)
X	-0.012	0.053**
	(-0.438)	(2.172)
$Stra \times Expt$	0.008***	0.005**
	(3.421)	(2.570)
$Stra \times X$	0.001	-0.002*
	(0.658)	(-1.910)
$Expt \times X$	0.058	-0.106
	(0.883)	(-1.529)
$Stra \times Expt \times X$	-0.003	0.009**
	(-0.694)	(2.168)
$Size$	-0.015***	-0.016***
	(-3.163)	(-3.301)
Lev	0.037***	0.037***
	(6.218)	(6.210)
MB	0.025	0.022
	(0.774)	(0.709)
ROI	-0.012*	-0.012*
	(-1.648)	(-1.710)
ROA	-1.697***	-1.701***
	(-10.867)	(-11.265)

续表

变量	Rep	FirmSpe
CF	0.013***	0.013***
	(2.944)	(2.903)
PPE	-0.072***	-0.072***
	(-3.033)	(-3.097)
Inta	-0.070	-0.072
	(-1.446)	(-1.525)
Inv	0.155***	0.154***
	(6.189)	(6.116)
Loss	-0.011	-0.011
	(-0.607)	(-0.650)
TA	0.048	0.049
	(1.546)	(1.557)
State	0.004	0.004
	(0.637)	(0.616)
H5	0.090***	0.089***
	(2.872)	(2.874)
Supv	-0.003	-0.003
	(-0.533)	(-0.505)
Dual	-0.002	-0.002
	(-0.410)	(-0.323)
Pay	0.011**	0.012**
	(2.278)	(2.516)
Local	-0.005	-0.004
	(-0.842)	(-0.711)
Big	—	0.008
		(0.527)
TE	-0.003	-0.005
	(-0.142)	(-0.255)
截距项	0.438***	0.415***
	(3.925)	(3.690)

续表

变量	*Rep*	*FirmSpe*
事务所/年度/行业	控制	控制
调整 R^2	0.239	0.241
F 值	30.506	30.472
样本量	8429	8429

注：括号内为 t 值，***、**和*分别表示在1%、5%和10%的水平上显著，变量回归系数的标准误在公司层面与年度层面进行了 Cluster 调整。

（四）审计专家监督效应的约束机制之三：审计师个体的异质性

近年来，国内外诸多学者基于审计师个体层面的研究表明，审计师的个体异质性会影响执业行为、效率及结果，涵盖人口特征与执业特征，包括个人性别、教育背景、经验积累、行业专长等。结合研究主题，本研究主要选择两个角度的个体异质性特征，具体如下。

1. 审计师性别组合

审计师性别组合，记为 *MF*。已有研究表明，女性审计师比男性审计师能够保持更高的职业谨慎性，但男性审计师拥有更充沛的精力，因此"男女搭档"组合的审计效率更高（闫焕民等，2017）。因此，本研究设定签字审计师组合为男女搭档时，*MF* 取值为1，否则取值为0。表4.19列示了审计专家监督效应约束机制的分析结果，第二列的结果显示：以实际税率作为公司避税程度的测度指标，交乘项 *Stra* × *Expt* × *MF* 的回归系数为0.003，未达到10%显著水平。这说明审计师男女搭档组合或许有助于提高审计效率，促进审计专家监督效应的发挥，但这一效果尚不明显。

2. 审计师年龄特征

审计师年龄特征，记为 Old。已有研究表明，审计师年龄是影响个人经验积累的重要因素，同时决定着个人的职业精力及谨慎性。因此，本研究设置签字审计师组合中年龄较大者超过 50 岁时，视为高龄审计师，Old 取值为 1，否则取值为 0。表 4.19 列示了审计专家监督效应约束机制的分析结果，第三列的结果显示：以实际税率作为公司避税程度的测度指标，交乘项 $Stra \times Expt \times Old$ 的回归系数为 0.003，未达到 10% 显著水平。这说明审计师的年龄特征并不影响审计专家监督效应的发挥。此外，本研究也考察了审计师的教育背景、职务角色等个体特征，未发现这些特征会影响审计专家效应的发挥。

表 4.19　审计专家监督效应的约束机制之三：审计师个体的异质性

变量	MF	Old
$Stra$	-0.002** (-2.347)	-0.002** (-2.355)
$Expt$	-0.097* (-1.833)	-0.114*** (-3.660)
X	-0.006 (-0.238)	0.026 (0.849)
$Stra \times Expt$	0.005* (1.805)	0.006*** (3.438)
$Stra \times X$	0.000 (0.254)	-0.001 (-0.831)
$Expt \times X$	-0.057 (-0.967)	-0.043 (-0.531)
$Stra \times Expt \times X$	0.003 (0.784)	0.003 (0.819)

续表

变量	MF	Old
Size	-0.015***	-0.015***
	(-3.164)	(-3.135)
Lev	0.037***	0.037***
	(6.106)	(6.153)
MB	0.025	0.024
	(0.762)	(0.747)
ROI	-0.012*	-0.012
	(-1.673)	(-1.639)
ROA	-1.699***	-1.698***
	(-10.937)	(-10.934)
CF	0.013***	0.013***
	(2.975)	(2.933)
PPE	-0.072***	-0.071***
	(-3.042)	(-2.991)
Inta	-0.069	-0.071
	(-1.431)	(-1.458)
Inv	0.155***	0.156***
	(6.203)	(6.239)
Loss	-0.011	-0.010
	(-0.603)	(-0.598)
TA	0.048	0.049
	(1.525)	(1.565)
State	0.004	0.004
	(0.627)	(0.631)
H5	0.091***	0.090***
	(2.953)	(2.875)
Supv	-0.003	-0.003
	(-0.536)	(-0.533)
Dual	-0.002	-0.003
	(-0.411)	(-0.422)

续表

变量	MF	Old
Pay	0.011**	0.011**
	(2.288)	(2.253)
$Local$	-0.005	-0.005
	(-0.767)	(-0.805)
Big	0.007	0.007
	(0.481)	(0.489)
TE	-0.003	-0.003
	(-0.142)	(-0.140)
截距项	0.425***	0.419***
	(3.896)	(3.764)
事务所/年度/行业	控制	控制
调整 R^2	0.239	0.239
F 值	30.196	30.172
样本量	8429	8429

注：括号内为 t 值，***、**和*分别表示在1％、5％和10％的水平上显著，变量回归系数的标准误在公司层面与年度层面进行了 Cluster 调整。

（五）审计专家监督效应的约束机制之四：客户公司的异质性

不同于美国证券市场，我国经济社会发展的历史决定了证券市场的特殊性。一方面，我国拥有大量国有控股上市公司，诸多研究表明公司产权性质会影响公司财务决策及审计师执业行为；另一方面，我国地域辽阔，区域经济发展不均衡，各地税收征管强度有所差异，地方辖区内上市公司面临的税收监管压力也就不同。这些源于客户公司及其归属地的特征差异可能影响审计专家效应的发挥。

1. 产权性质

产权性质，记为 State。当公司为国有控股时，State 取值为1，否则取值为 0。表 4.20 列示了审计专家监督效应约束机制的分析结果，第二列的结果显示：以实际税率作为公司避税程度的测度指标，交乘项 $Stra \times Expt \times State$ 的回归系数为 -0.002，未达到 10% 显著水平。这说明国企产权性质可能会弱化外部审计发挥监督作用的效果，但并未显著影响审计专家对国企战略性避税行为的抑制作用。

2. 公司归属地税收征管强度

公司归属地税收征管强度，记为 TEX。若公司归属地税收征管强度高于该年度各地区税收征管强度的中值，视为税收征管强度较高，TEX 取值为 1，否则取值为 0。表 4.20 列示了审计专家监督效应约束机制的分析结果，第三列结果显示：以实际税率作为公司避税程度的测度指标，交乘项 $Stra \times Expt \times TEX$ 的回归系数为 0.003，未达到 10% 显著水平。这说明公司归属地的税收征管强度差异并未影响审计专家发挥监督效应。此外，本研究还检验了税收征管强度对公司战略与避税程度之间关系的影响，未列示在表 4.20 中的结果显示，交乘项 $Stra \times TEX$ 的回归系数不显著。综上说明公司归属地的税收征管压力既未直接影响公司的避税策略，也未影响公司的战略性避税行为。

表 4.20　审计专家监督效应的约束机制之四：客户公司的异质性

变量	$State$	TEX
$Stra$	-0.003***	-0.002
	(-2.630)	(-1.604)
$Expt$	-0.144***	-0.110***
	(-2.650)	(-3.794)
X	-0.014	0.030
	(-0.507)	(1.284)

续表

变量	State	TEX
$Stra \times Expt$	0.008***	0.005***
	(2.618)	(2.728)
$Stra \times X$	0.001	-0.002
	(0.683)	(-1.271)
$Expt \times X$	0.038	-0.034
	(0.468)	(-0.555)
$Stra \times Expt \times X$	-0.002	0.003
	(-0.530)	(0.802)
$Size$	-0.015***	-0.015***
	(-3.111)	(-3.150)
Lev	0.037***	0.037***
	(6.184)	(6.223)
MB	0.025	0.025
	(0.760)	(0.776)
ROI	-0.012*	-0.012*
	(-1.650)	(-1.665)
ROA	-1.698***	-1.698***
	(-10.989)	(-11.048)
CF	0.013***	0.013***
	(2.944)	(2.937)
PPE	-0.072***	-0.071***
	(-3.021)	(-2.995)
$Inta$	-0.071	-0.069
	(-1.481)	(-1.422)
Inv	0.154***	0.155***
	(6.118)	(6.158)
$Loss$	-0.011	-0.011
	(-0.607)	(-0.633)
TA	0.048	0.048
	(1.534)	(1.552)

续表

变量	State	TEX
State	—	0.004
		(0.564)
H5	0.092***	0.089***
	(2.964)	(2.879)
Supv	−0.004	−0.004
	(−0.554)	(−0.550)
Dual	−0.002	−0.002
	(−0.395)	(−0.392)
Pay	0.011**	0.012**
	(2.192)	(2.295)
Local	−0.005	−0.006
	(−0.810)	(−0.909)
Big	0.007	0.007
	(0.509)	(0.490)
TE	−0.003	—
	(−0.138)	
截距项	0.434***	0.413***
	(3.847)	(3.749)
事务所/年度/行业	控制	控制
调整 R^2	0.239	0.239
F 值	30.583	30.538
样本量	8429	8429

注：括号内为 t 值，***、**和*分别表示在1%、5%和10%的水平上显著，变量回归系数的标准误在公司层面与年度层面进行了 Cluster 调整。

（六）公司避税的经济后果分析

众所周知，公司避税行为的经济后果具有复杂且多样的特点。本研究借鉴 Chen 等（2011）、刘行和李小荣（2012）、余明桂等

(2013)及田高良等(2016)的研究经验,从公司价值($TobinQ$)、公司经营风险($Risk$)及公司财务报告质量(FRQ)3个角度检验公司避税的经济后果。本研究构建模型(4.9)和模型(4.10),其中$Econ\_cons_{i,t}$指代上述三类经济后果,在控制变量$Controls_{i,t}$选取方面,为保证所选控制变量的合理性,在原有控制变量组的基础上,纳入可能影响避税经济后果的独立董事比例($Indp$)、期间费用率($FSale$)。因$TobinQ$、$Risk$及FRQ存在数据缺失,因此样本量略有变化。表4.21列示了公司避税的经济后果。

$$Econ\_cons_{i,t} = \alpha_0 + \alpha_1 ETR_{i,t} + \sum Controls_{i,t} + \sum AudFirm_{i,t} + \sum Year_{i,t} + \sum Ind_{i,t} + \varepsilon_{i,t} \quad (4.9)$$

$$Econ\_cons_{i,t} = \alpha_0 + \alpha_1 ETR_{i,t} + \alpha_2 Stra_{i,t} + \alpha_3 ETR_{i,t} \times Stra_{i,t} + \sum Controls_{i,t} + \sum AudFirm_{i,t} + \sum Year_{i,t} + \sum Ind_{i,t} + \varepsilon_{i,t} \quad (4.10)$$

1. 公司价值分析

在公司价值分析中,表4.21第二、第三列的结果显示:公司实际税率ETR的系数不显著为正,但交乘项$ETR \times Stra$的系数显著为负。这说明战略激进公司的实际税率越低,$TobinQ$代表的公司价值越高;换言之,战略激进公司的激进避税行为提升了当期公司价值。

表4.21 公司避税的经济后果:公司价值分析

变量	模型(4.9)	模型(4.10)
ETR	0.142	1.736***
	(0.828)	(4.776)
$Stra$		0.041***
		(4.406)
$ETR \times Stra$		-0.092***
		(-4.271)

续表

变量	模型 (4.9)	模型 (4.10)
$Size$	-0.652***	-0.656***
	(-5.973)	(-5.906)
Lev	-0.558**	-0.558**
	(-2.208)	(-2.207)
MB	-0.182**	-0.179**
	(-2.089)	(-1.968)
ROI	-0.119*	-0.118*
	(-1.726)	(-1.655)
ROA	13.745***	13.520***
	(10.961)	(10.808)
CF	-0.116*	-0.113*
	(-1.943)	(-1.921)
PPE	-0.653**	-0.548**
	(-2.460)	(-2.427)
$Inta$	-0.078	-0.326
	(-0.174)	(-0.644)
Inv	-0.053	-0.054
	(-1.203)	(-1.251)
$Loss$	0.595*	0.589*
	(1.674)	(1.689)
TA	-0.262	-0.306
	(-0.306)	(-0.352)
$FSale$	2.245***	2.032***
	(6.100)	(5.075)
$State$	-0.171**	-0.158**
	(-2.063)	(-2.067)
$H5$	0.005***	0.005***
	(3.030)	(2.854)
$Supv$	0.058***	0.061***
	(2.584)	(2.624)

续表

变量	模型 (4.9)	模型 (4.10)
Dual	0.088 (1.286)	0.081 (1.214)
Pay	-0.017 (-0.432)	-0.008 (-0.208)
Indp	1.713*** (4.167)	1.684*** (4.197)
Local	-0.065 (-1.247)	-0.062 (-1.174)
Big	-0.089 (-0.758)	-0.095 (-0.826)
TE	0.041 (0.348)	0.052 (0.443)
截距项	15.835*** (7.837)	15.105*** (7.511)
事务所/年度/行业	控制	控制
调整 R^2	0.568	0.570
F 值	76.125	75.281
样本量	8393	8393

注：括号内为 t 值，***、** 和 * 分别表示在 1%、5% 和 10% 的水平上显著，变量回归系数的标准误在公司层面与年度层面进行了 Cluster 调整。

2. 公司经营风险分析

表 4.22 第二、第三列的结果显示：公司实际税率 ETR、交乘项 ETR×Stra 的系数均显著为负。这说明公司实际税率越低，避税程度越高，公司经营风险越大，这一关系在战略激进公司中更加明显。换言之，战略激进公司的激进避税行为显著增加了公司经营风险。

表 4.22　公司避税的经济后果：公司经营风险分析

变量	模型 (4.9)	模型 (4.10)
ETR	−0.012**	0.027
	(−2.066)	(1.454)
Stra		0.002***
		(2.908)
ETR × Stra		−0.002*
		(−1.823)
Size	−0.011***	−0.011***
	(−6.904)	(−7.083)
Lev	0.070***	0.070***
	(5.485)	(5.509)
MB	−0.002	−0.001
	(−1.325)	(−0.928)
ROI	0.006**	0.006***
	(2.563)	(2.638)
ROA	0.290***	0.282***
	(5.746)	(5.707)
CF	−0.001	−0.001
	(−0.490)	(−0.533)
PPE	0.015*	0.022**
	(1.730)	(2.449)
Inta	0.027	0.009
	(1.342)	(0.457)
Inv	−0.002	−0.002
	(−1.102)	(−1.273)
Loss	0.033	0.031
	(1.331)	(1.328)
TA	0.082***	0.077**
	(2.722)	(2.567)
FSale	0.018	0.003
	(1.610)	(0.253)

续表

变量	模型 (4.9)	模型 (4.10)
State	-0.004*	-0.003
	(-1.875)	(-1.499)
H5	0.000	0.000
	(0.703)	(0.725)
Supv	0.001	0.001
	(0.706)	(0.874)
Dual	0.004	0.003
	(1.430)	(1.314)
Pay	-0.005***	-0.005***
	(-3.184)	(-3.029)
Indp	0.050***	0.048***
	(3.599)	(3.501)
Local	-0.006***	-0.006***
	(-3.654)	(-3.627)
Big	0.001	0.001
	(0.415)	(0.256)
TE	-0.004	-0.003
	(-0.719)	(-0.636)
截距项	0.292***	0.265***
	(9.275)	(8.528)
事务所/年度/行业	控制	控制
调整 R^2	0.194	0.199
F 值	10.154	10.219
样本量	8393	8393

注：括号内为 t 值，***、**和*分别表示在1%、5%和10%的水平上显著，变量回归系数的标准误在公司层面与年度层面进行了 Cluster 调整。

3. 公司财务报告质量分析

在公司财务报告质量分析中，表4.23第三列的结果显示：交乘项 $ETR \times Stra$ 的系数显著为正。这说明战略激进公司的实际税率越低，财务报告质量越差；换言之，战略激进公司的激进避税行为显著降低了公司财务报告质量。

表4.23 公司避税的经济后果：财务报告质量分析

变量	模型（4.9）	模型（4.10）
ETR	-0.033 (-1.635)	-0.168** (-2.309)
Stra		-0.009*** (-3.703)
ETR × Stra		0.008* (1.726)
Size	0.021*** (2.925)	0.023*** (3.113)
Lev	-0.289*** (-7.523)	-0.285*** (-7.501)
MB	0.012** (2.065)	0.008 (1.307)
ROI	-0.045*** (-5.227)	-0.047*** (-5.540)
ROA	-1.525*** (-8.255)	-1.491*** (-8.296)
CF	-0.012 (-1.272)	-0.011 (-1.163)
PPE	0.164*** (4.190)	0.114*** (2.705)
Inta	0.319*** (4.577)	0.432*** (5.854)
Inv	-0.031** (-2.413)	-0.030** (-2.355)
Loss	0.093 (1.482)	0.109* (1.916)

续表

变量	模型 (4.9)	模型 (4.10)
TA	-0.473***	-0.440***
	(-2.945)	(-2.710)
FSale	0.143***	0.236***
	(3.414)	(5.819)
State	0.017	0.010
	(1.573)	(0.966)
H5	-0.000	-0.000
	(-1.335)	(-1.399)
Supv	0.008*	0.007*
	(1.952)	(1.791)
Dual	-0.012	-0.010
	(-1.373)	(-1.190)
Pay	0.028***	0.027***
	(4.033)	(3.713)
Indp	-0.149**	-0.139**
	(-2.125)	(-2.017)
Local	0.032***	0.031***
	(4.988)	(4.790)
Big	-0.003	-0.000
	(-0.087)	(-0.008)
TE	-0.014	-0.016
	(-0.644)	(-0.742)
截距项	-0.733***	-0.597***
	(-6.021)	(-4.181)
事务所/年度/行业	控制	控制
调整 R^2	0.134	0.138
F 值	10.808	10.758
样本量	8278	8278

注：括号内为 t 值，***、**和*分别表示在1%、5%和10%的水平上显著，变量回归系数的标准误在公司层面与年度层面进行了 Cluster 调整。

第六节 本章小结

近年来，公司战略定位如何影响公司财务行为逐渐成为公司财务学研究领域的热点话题。公司作为营利性组织，纳税是公司的法定义务，避税则是公司的天然动机。战略管理领域的研究认为，公司战略定位会影响避税策略，进而导致诸多代理问题。那么，独立审计作为公司外部治理的重要机制之一，能否对公司战略性避税行为发挥应有的监督作用？这是一个值得思考的问题。

基于审计治理视角，本章采用 2009～2016 年我国沪深 A 股上市公司数据作为研究样本，实证检验外部审计对公司战略性避税行为的治理效应及其作用机制。同时，考察公司战略性避税行为的路径合法性及其产生的经济后果。

研究结果表明：公司战略越激进，避税程度越高；具备行业财税知识专长的审计专家并未迎合公司的战略性避税行为，而是发挥了显著的监督效应，有效抑制了战略激进公司的激进避税行为。拓展研究发现以下结果：①通过公司避税路径合法性分析发现，战略激进公司的非法逃税程度更高，但审计专家有效抑制了这一非法避税行为；②通过审计专家监督效应的约束机制分析发现，审计专家监督效应的发挥主要取决于不同客户业务下的审计独立性；③通过公司避税的经济后果分析发现，战略激进公司的激进避税行为能够提升当期公司价值，但会增加公司经营风险，并降低财务报告质量。

总之，具备行业知识专长的审计专家能够发挥审计治理功能，有效约束公司的战略性避税行为，提高税收征管效率，这对加强外部审计参与公司财税行为监督具有一定的理论启示和借鉴意义。

第五章
公司战略与会计稳健性：外部审计的治理效应

会计稳健性作为重要的会计信息质量属性之一，对会计理论与实务的发展产生了深远的影响（Basu，1997）。关于会计稳健性的研究成果可谓汗牛充栋，近年来基于战略管理视角的研究发现，公司战略作为公司的长远规划及发展目标会对会计信息质量产生一定影响（Dichev et al.，2013），会计稳健性又是会计信息质量的重要属性，那么，公司战略是否及如何影响会计稳健性？已有研究发现，战略定位激进的公司更倾向于采取不稳健的会计政策（刘行，2016）并存在更高的财务报告舞弊概率（Bentley et al.，2013；孙光国、赵健宇，2014），但是尚未有研究从审计治理视角探究公司战略对会计稳健性的作用机理。那么，素有"经济警察"之称的审计师，能否发挥外部审计应有的信息鉴证功能，识别战略定位激进公司的风险行为？尤其是对于具备行业专长的审计专家来说，其是否能够有效抑制战略激进公司的不稳健性会计政策，提高信息披露质量？对此类问题，学界研究付之阙如。鉴于此，本书探究公司战略对会计稳健性的作用路径以及外部审计的治理效果。

第一节　理论分析与假设提出

（一）公司战略与会计稳健性

公司战略是公司为开发核心竞争力、获取竞争优势而采取的一系列约定和行动，指导着公司各类决策的制定与执行，也是影响会计信息质量的重要因素（Bentley et al.，2013；Dichev et al.，2013）。会计稳健性是会计信息质量的一项重要特征，公司战略定位如何影响会计稳健性？本书从公司对会计稳健性的需求水平和管理层实施激进会计政策的动机两个角度具体分析。

其一，公司战略定位影响公司对会计稳健性的需求水平。首先，基于薪酬契约角度，战略定位激进的公司致力于开拓创新，经营风险较大，公司倾向于选择股票、期权等非固定薪酬形式鼓励管理层承担风险。通常，管理层与股东之间的代理问题越严重，公司对会计稳健性的需求越高（Ball and Shivakumar，2005）。然而，管理层股权激励使二者利益趋于一致并缓解了代理问题，因此战略激进公司对会计稳健性的需求较低。其次，基于公司创新角度，战略激进公司的研发和创新支出较高，而稳健的会计政策可能使公司业绩难以达标，此时管理层往往会采取削减研发支出等短视行为以满足业绩要求，因此稳健的会计政策与战略激进公司的创新目标相悖，这降低了战略激进公司对会计稳健性的需求。最后，从诉讼风险角度来看，战略定位保守的公司专注于现有产品和市场，为了维持固有优势会尽可能避免诉讼风险，而稳健的会计政策可以达到降低公司潜在诉讼风险的目的，因此战略保守公司对会计稳健性有较高的需求。相反，战略激进公司的产品在市场上几乎没有替代品，较强的市场优势使其不必过于担忧由诉讼风险带来的潜在负面影响,因此,相较于战略定位保守的公司,战略激进公司对会计稳健性的需求较低。

其二,公司战略定位影响管理层采用激进会计政策的动机。首先,基于盈余管理角度,战略定位激进公司的经营业绩存在较大的波动性,为避免经营业绩波动对自身薪酬的不利影响,管理层往往推迟披露负面消息,选择高估收入或低估费用的激进会计政策进行盈余管理,这降低了会计稳健性;其次,基于融资需求角度,战略激进公司在开发新产品、新市场方面需要大量资金,融资约束问题较为严重,公司为获得更多的外部资金并降低融资成本,往往会通过激进会计政策及方法"抬高"盈利(薄澜、冯阳,2014),以提高其在融资契约签订中的谈判能力,这导致战略激进公司的会计稳健性较差;最后,基于会计政策自由裁量权角度,战略激进公司具有较高的经营不确定性,管理层难以把握公司未来经营业绩与财务状况,更容易选用激进的会计政策来抵御经营不确定带来的潜在冲击,这会降低公司的会计稳健性。综合上述分析,提出本书的假设5.1。

假设5.1:限定其他条件,公司战略定位越激进,会计信息稳健性越差。

(二)公司战略与会计稳健性:外部审计的治理效应

从理论上讲,外部审计是公司外部治理的重要制度安排之一,审计具有的鉴证与监督功能可以形成一种有效的第三方约束机制并保障会计信息质量,尤其是具备丰富审计经验和行业专长的审计专家，可以识别并纠正公司采取的一些并不稳健的会计政策，起到积极的监督作用。一般而言，战略激进公司面临较大的不确定性且经济业务呈现较大复杂性，同时战略激进公司通常会有较多盈余管理行为以及表现出更高的财务舞弊概率（Bentley et al.，2013；孙健等，2016），这均在一定程度上增大了审计师的工作难度和潜在风险。因此，在现代风险导向的审计模式下，审计师基于风险控制原则会通过提高所审报表的会计稳健性以降低诉讼风险。一方面，审计专家更有能力提高战略激进公司的会计稳健性。原因是审计专家具备某一行业的专门知识和专业技能，对客户公司有更加深入的理解，能够准确地判断和评估客户财务报告中违背会计稳健性原则的会计处理。换言之，审计专家可以凭借其丰富经验了解战略激进公司的经营活动特点和风险特征，敏锐识别被审计单位为适应其战略目标所采取的激进会计政策。另一方面，审计专家更有动机提高战略激进公司的会计稳健性。审计专家通常在某一行业有较长的从业时间并积累了丰富的执业经验，有良好的品牌和声誉，受声誉机制约束，其具有更高的风险厌恶意识。而战略激进公司不稳健的会计行为增大了审计专家面临的审计风险，基于对声誉成本和诉讼风险的考虑，审计专家更有动机对战略激进公司的激进会计政策秉持严格的执业态度，保持较高的职业谨慎性和独立性，披露战略激进公司的会计政策选择偏误，有效抑制激进战略对会计稳健性的负面影响，发挥其外部监督职能。综合上述分析，提出本书的假设5.2。

假设5.2：限定其他条件，审计专家能够发挥审计治理功能，提高战略定位激进公司的会计稳健性。

第二节　变量界定与模型构建

（一）变量界定

1. 公司战略

本书根据 Bentley 等（2013）、孙健等（2016）的研究方法，结合中国资本市场实际情况构建公司战略的测度变量（$Stra$），包括 6 个方面的子指标。鉴于本书在第三章中已做具体阐述，故在此不再赘述。

2. 审计专家

通常，审计专家是指审计师在某行业的审计投入较多，积累的审计经验较为丰富，具备一定的行业专长优势。鉴于本书在第三章中已具体阐述，故在此不再赘述。

3. 其他变量

借鉴陈艳艳等（2013）、任汝娟等（2016）等的研究经验，在研究模型中考虑其他一些可能影响公司会计稳健性的因素。主要包括：公司层面的因素，如应收账款比例（Rec）、存货比例（Inv）、有形资本密集度（PE）、净资产收益率（ROE）及净利润增长率（$Grow$）等；公司治理结构层面的因素，如董事长和总经理两职合一（CC）、董事会规模（$Board$）、独立董事比例（$Supv$）、产权性质（SOE）、股权结构（$Top1$）和上市年数（$List$）等；会计师事务所层面的因素，包括会计师事务所规模（$Big14$）、事务所任期（$Tenu$）和事务所变更（Chg）；此外，还包括公司所在地法治环境（$Market\text{-}law$）。同时，控制事务所、行业与年度层面的固定效应。详见表 5.1 变量定义。

表 5.1 变量定义和说明

变量类别	变量名称	变量标识	说明
被解释变量	会计稳健性指数	$C-Score$	见前文
解释变量	公司战略	$Stra$	公司战略指数,见前文
		Off_Stra	激进型战略,见前文
		Ana_Stra	分析型战略,见前文
		Def_Stra	保守型战略,见前文
	审计专家	$Expt$	详见前文关于审计专家的界定
控制变量	公司规模	$Size$	年末总资产的自然对数
	市值净值比	MTB	股权市值/股权账面价值
	应收账款比例	Rec	应收账款与营业收入的比值
	存货比例	Inv	存货与营业收入的比值
	有形资本密集度	PE	固定资产净值除以总资产
	盈利能力	ROE	净资产收益率,税后利润与所有者权益的比值
		$Grow$	净利润增长率,净利润增长额与上年净利润的比值
	两职合一	CC	董事长与总经理两职合一则取值1,否则取值0
	董事会规模	$Board$	企业董事会全部人数的自然对数
	独立董事比例	$Supv$	董事会成员中独立董事所占比例
	产权性质	SOE	国企取值1,非国企取值0
	股权结构	$Top1$	第一大股东持股比例
	上市年数	$List$	公司上市的年数
	事务所规模	$Big14$	国际四大所及国内前十大所取值1,否则取值0
	事务所任期	$Tenu$	事务所累计为公司年报审计的年数
	事务所变更	Chg	公司改聘事务所取值1,否则取值0

续表

变量类别	变量名称	变量标识	说明
控制变量	法治环境	Marketlaw	公司所在地法治环境指数,采用王小鲁、樊纲及余静文的《中国分省份市场化指数报告(2016)》
	事务所固定效应	AudFirm	会计师事务所虚拟变量
	年度固定效应	Year	年度虚拟变量
	行业固定效应	Ind	行业虚拟变量

(二)模型构建

借鉴刘行(2016)等的研究经验,构建模型(5.1)检验公司战略对会计稳健性的影响,构建模型(5.2)检验审计专家对公司战略与会计稳健性两者关系的调节作用。

$$C-score = \alpha_1 + \alpha_2 Stra_{i,t} + \sum Controls_{i,t} + \sum AudFirm_{i,t} + \sum Year_{i,t} + \sum Ind_{i,t} + \varepsilon_{i,t} \quad (5.1)$$

$$C-score = \alpha_1 + \alpha_2 Stra_{i,t} + \alpha_3 Expt_{i,t} + \alpha_4 Stra \times Expt_{i,t} + \sum Controls_{i,t} + \sum AudFirm_{i,t} + \sum Year_{i,t} + \sum Ind_{i,t} + \varepsilon_{i,t} \quad (5.2)$$

其中,$C-Score$ 是公司会计稳健性的衡量指标,$Stra_{i,t}$ 代表公司战略衡量指标,$Stra_{i,t} \times Expt_{i,t}$ 为公司战略与审计专家的交乘项,$Controls_{i,t}$ 表示影响会计稳健性的控制变量。另外,还控制了会计师事务所固定效应($AudFirm_{i,t}$)、年度固定效应($Year_{i,t}$)和行业固定效应($Ind_{i,t}$)。根据假设 5.1,预期公司战略对会计稳健性有负向影响,α_2 的符号为负;根据假设 5.2,预期审计专家能发挥正向监督效应,提高公司的会计稳健性水平,α_4 符号为正。

第三节 实证分析

（一）样本选择

本章选取 2009~2016 年我国沪深 A 股上市公司作为初始研究样本，遵照学者已用研究惯例进行样本筛选程序，剔除了金融行业公司样本、连续数据不足 5 年导致无法计算公司战略指标的观测样本以及其他变量存在缺失的样本，最终获得 10199 个样本观测值。其中，样本公司财务数据主要来自 CSMAR 数据库，审计师个人特征数据主要依据中国注册会计师协会信息管理系统及巨潮资讯网站进行手工整理。此外，为缓解研究模型中变量极端值产生的偏误干扰，对所有连续变量进行 1% 和 99% 分位 Winsorize 处理，本章实证分析部分采用的软件主要为 Stata 15.0 和 Excel 2017。

（二）公司战略的稳定性统计

表 5.2 的结果显示：在本书的公司稳健性指标样本中，公司战略（$Stra$）与上年公司战略（$LStra$）的相关系数为 0.914，前后年度公司战略指数差异（$\triangle Stra$）的均值为 1.269，前后年度公司战略指数不变（$\triangle Stra=0$）的比例为 28.021%，前后年度公司战略指数差异为 1（$\triangle Stra=1$）的比例为 39.494%，前后年度公司战略指数差异大于 3（$\triangle Stra>3$）的比例为 5.447%。图 5.1 的结果显示当期公司战略与上年公司战略的拟合情况良好。这表明，虽然我国上市公司的战略定位波动幅度略大，但在时间维度上仍具有较强的稳定性，因此研究样本具有较好的统计意义。

表 5.2　公司战略稳定性情况

Pearson 相关系数	LStra	△Stra 均值	△Stra = 0	△Stra = 1	△Stra > 3
Stra	0.914***	1.269	28.021%	39.494%	5.447%

注：***、**和*分别表示在 1%、5% 和 10% 的水平上显著相关。

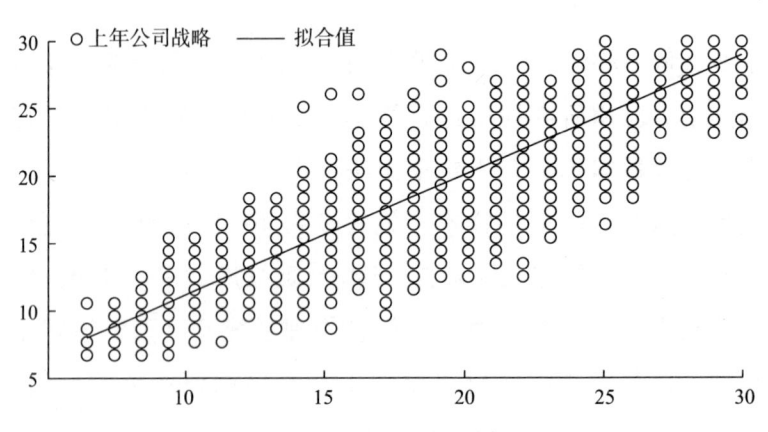

图 5.1　公司战略的稳定性

（三）模型变量的描述性统计

表 5.3 的描述性统计结果显示，公司会计稳健性指标的均值为 0.037，标准差为 0.046，最大值和最小值分别为 0.170 和 -0.047，说明不同公司的会计稳健性指标存在较大差异，能够较好地识别公司会计稳健性水平的高低；公司战略的均值为 17.940，标准差为 4.285，差异识别度较高，其中持有激进型、保守型和分析型战略的公司所占样本比例分别为 10.3%、10.2% 和 79.5%，可见大部分公司采取了分析型战略。就审计专家选聘情况来看，约有 13.9% 的公司聘请了审计专家，说明了审计专家的测度较为合理。在模型的控制变量方面，国有性质公司的比例为 54.1%，公司聘请国际四大及国内前十大事务所的比例为 67.5%，事务所平均任期约为 8 年，公

司改聘事务所的比例为 8.7%。此外，公司规模、市值净值比及法治环境等变量的分布情况较为合理。

表 5.3 描述性统计

变量	N	mean	sd	p25	p50	p75	min	max
$C-Score$	10199	0.037	0.046	0.006	0.025	0.067	-0.047	0.170
$Stra$	10199	17.940	4.285	15	18	21	6	30
Off_Stra	10199	0.103	0.304	0	0	0	0	1
Def_Stra	10199	0.102	0.303	0	0	0	0	1
Ana_Stra	10199	0.795	0.404	1	1	1	0	1
$Expt$	10199	0.139	0.346	0	0	0	0	1
$Size$	10199	22.300	1.264	21.430	22.15	23.030	19.550	26.040
MTB	10199	2.542	1.815	1.383	1.956	2.998	0.904	11.440
Rec	10199	0.181	0.195	0.039	0.120	0.253	0	0.981
Inv	10199	0.482	0.886	0.099	0.193	0.390	0	5.466
PE	10199	0.235	0.176	0.097	0.199	0.340	0.002	0.739
ROE	10199	0.079	0.110	0.031	0.075	0.128	-0.391	0.405
$Grow$	10199	-0.288	4.543	-0.334	0.083	0.438	-29.82	14.49
CC	10199	0.183	0.387	0	0	0	0	1
$Board$	10199	2.406	0.225	2.303	2.398	2.565	1.609	3.332
$Supv$	10199	0.378	0.070	0.333	0.364	0.429	0.143	0.800
SOE	10199	0.541	0.498	0	1	1	0	1
$Top1$	10199	0.349	0.152	0.226	0.328	0.452	0.084	0.750
$List$	10199	12.520	5.096	8	13	17	4	26
$Big14$	10199	0.675	0.469	0	1	1	0	1
$Tenu$	10199	7.796	5.255	4	7	11	1	24
Chg	10199	0.087	0.282	0	0	0	0	1
$Marketlaw$	10199	8.131	4.528	4.220	7.400	12.15	-0.700	16.190

(四) 相关性分析和均值 T 检验

表 5.4 结果显示：战略激进型公司和战略保守型公司的会计稳健性指数（C-Score）均值分别为 0.030 和 0.043，后者更大且均在 1% 的水平上显著，而且两者的差异显著。说明相比于战略保守型公司，战略激进型公司的会计稳健性更差，这初步验证了公司战略定位越激进，会计稳健性越差。大部分公司采取分析型战略，观测值为 8109 个，其会计稳健性指数处于战略激进型和战略保守型公司的中间状态，均值为 0.038。上述结果初步表明，相比于战略保守型公司，采取激进型战略的公司会计稳健性更差。

表 5.4 均值 T 检验

战略类型	激进型 ($Off\_Stra=1$)	分析型 ($Ana\_Stra=1$)	保守型 ($Def\_Stra=1$)	保守型 VS 激进型 （T-test）
$C-Score$	0.030	0.038	0.043	0.013*** （6.443）
N	1048	8109	1042	—

注：***、**和*分别表示在 1%、5% 和 10% 的水平上显著相关。

表 5.5 结果显示，公司战略与会计稳健性之间的相关系数为负且显著，这初步验证了假设 5.1，即公司战略与会计稳健性显著负相关，说明公司战略越激进，会计稳健性越差。进一步区分公司战略类型后发现，持有激进型战略的公司与企业会计稳健性显著负相关，持有保守型战略的公司与企业会计稳健性显著正相关，而持有分析型战略的公司与企业会计稳健性的相关系数为正但不显著。这进一步说明，公司战略越激进，企业的会计稳健性越差，而坚持保守型战略定位的公司具有较高的会计稳健性。在控制变量方面，在公司层面，公司规模大、盈利水平高、董事会规模大、上市年数长、产

表 5.5 相关系数矩阵

变量	C-score	Stra	Off_Stra	Def_Stra	Ana_Stra	Size	MTB	Rec	Inv	PE	ROE
C-score	1.000	-0.074***	-0.046***	0.027**	0.015	0.357***	-0.486***	-0.095***	-0.003	0.001	0.074***
Stra	-0.093***	1.000	0.527***	-0.526***	-0.002	-0.182***	0.278***	0.228***	0.140***	-0.261***	0.122***
Off_Stra	-0.056***	0.594***	1.000	-0.114***	-0.667***	-0.110***	0.167***	0.117***	0.032**	-0.135***	0.055***
Def_Stra	0.037***	-0.584***	-0.114***	1.000	-0.664***	0.087***	-0.144***	-0.139***	-0.132***	0.220***	-0.128***
Ana_Stra	0.014	-0.009	-0.667***	-0.664***	1.000	0.017	-0.017	0.017	0.075***	-0.064***	0.055***
Size	0.397***	-0.195***	-0.113***	0.096***	0.013	1.000	-0.617***	-0.161***	0.005	-0.040***	0.195***
MTB	-0.365***	0.247***	0.180***	-0.108***	-0.054***	-0.508***	1.000	0.233***	-0.047***	-0.091***	0.104***
Rec	-0.102***	0.234***	0.136***	-0.125***	-0.009	-0.138***	0.159***	1.000	0.153***	-0.129***	-0.122***
Inv	0.087***	0.071***	0.022*	-0.086***	0.048***	0.130***	-0.121***	-0.059***	1.000	-0.371***	-0.127***
PE	0.026**	-0.299***	-0.138***	0.235***	-0.073***	0.030***	-0.129***	-0.211***	-0.362***	1.000	-0.159***
ROE	0.037***	0.123***	0.058***	-0.106***	0.036***	0.169***	0.066***	-0.106***	-0.036***	0.147***	1.000
Grow	-0.004	0.085***	0.063***	-0.065***	0.001	0.059***	-0.004	-0.021*	-0.001	-0.110***	0.556***
CC	-0.062***	0.097***	0.068***	-0.041***	-0.020*	-0.106***	0.134***	0.130***	0.007	-0.067***	0.004
Board	0.065***	-0.096***	-0.057***	0.063***	-0.004	0.221***	-0.096***	-0.053***	-0.037***	0.101***	-0.014
Supv	-0.036***	0.020*	0.004	-0.025*	0.016	0.044***	0.030**	0.050***	0.031***	-0.042***	0.008
SOE	0.138***	-0.222***	-0.135***	0.113***	0.016	0.235***	-0.260***	-0.216***	-0.021*	0.162***	-0.030**

续表

变量	C-score	Stra	Off_Stra	Def_Stra	Ana_Stra	Size	MTB	Rec	Inv	PE	ROE
Top1	0.124***	-0.130***	-0.045***	0.105***	-0.045***	0.291***	-0.140***	-0.153***	0.053***	0.063***	0.116***
List	0.089***	-0.083***	-0.047***	0.056***	-0.007	0.145***	-0.119***	-0.261***	0.148***	-0.043***	-0.031**
Big14	0.040***	0.011	0.002	-0.018	0.012	0.143***	0.001	0.011	0.017	-0.018	0.024*
Tenu	0.010	-0.098***	-0.068***	0.058***	0.008	0.031***	-0.087***	-0.151***	0.007	0.013	-0.011
Chg	0.043***	0.029**	0.028**	0.002	-0.022*	-0.009	0.019	0.024*	-0.004	-0.002	-0.003
Marketlaw	-0.012	-0.046***	-0.028**	0.014	0.011	0.062***	0.052***	0.122***	0.017	-0.193***	0.036***

变量	Grow	CC	Board	Supv	SOE	Top1	List	Big14	Tenu	Chg	Marketlaw
C-score	-0.017	-0.057***	0.058***	-0.044***	0.118***	0.102***	0.078***	0.033***	0.012	0.030**	-0.010
Stra	0.096***	0.096***	-0.096***	0.016	-0.221***	-0.131***	-0.081***	0.016	-0.090***	0.029***	-0.048***
Off_Stra	0.064***	0.068***	-0.060***	0.003	-0.135***	-0.050***	-0.047***	0.002	-0.069***	0.028***	-0.027**
Def_Stra	-0.084***	-0.041***	0.062***	-0.021*	0.113***	0.100***	0.055***	-0.018	0.052***	0.002	0.018
Ana_Stra	0.015	-0.020*	-0.001	0.013	0.016	-0.037***	-0.006	0.012	0.013	-0.022*	0.007
Size	0.065***	-0.106***	0.207***	0.025*	0.218***	0.264***	0.168***	0.121***	0.032***	-0.011	0.055***
MTB	0.090***	0.156***	-0.120***	0.016	-0.298***	-0.174***	-0.185***	-0.016	-0.067***	0.000	0.066***
Rec	0.007	0.132***	-0.050***	0.038***	-0.216***	-0.156***	-0.279***	0.018	-0.135***	0.029***	0.152***
Inv	-0.040***	0.036***	-0.064***	0.049***	-0.088***	-0.043***	-0.018	-0.025*	-0.024*	-0.006	-0.002
PE	-0.113***	-0.055***	0.080***	-0.037***	0.132***	0.042***	-0.080***	-0.025**	0.027***	-0.005	-0.192***

续表

变量	Grow	CC	Board	Supv	SOE	Top1	List	Big14	Tenu	Chg	Marketlaw
ROE	0.547***	-0.001	-0.013	0.004	-0.028**	0.129***	-0.030**	0.033***	-0.005	-0.000	0.048***
Grow	1.000	0.019	-0.020*	0.006	-0.057***	0.017	-0.056***	-0.016	-0.003	0.016	0.040***
CC	0.000	1.000	-0.126***	0.078***	-0.237***	-0.110***	-0.139***	0.012	-0.023*	0.010	0.106***
Board	-0.003	-0.125***	1.000	-0.080***	0.167***	0.021*	0.071***	0.058***	-0.030**	0.048***	0.011
Supv	0.006	0.087***	-0.107***	1.000	-0.097***	-0.010	-0.047***	0.015	0.019	-0.013	0.039***
SOE	-0.048***	-0.237***	0.175***	-0.096***	1.000	0.285***	0.275***	0.027**	0.027**	0.037***	-0.179***
Top1	0.037***	-0.110***	0.031**	0.002	0.277***	1.000	-0.016	0.062***	-0.084***	0.020*	0.016
List	-0.025*	-0.138***	0.070***	-0.050***	0.274***	-0.015	1.000	0.007	0.227***	0.010	-0.068***
Big14	-0.003	0.012	0.059***	0.022**	0.027**	0.065***	0.319***	1.000	-0.192***	0.066***	0.120***
Tenu	-0.016	-0.027**	-0.024*	0.017	0.058***	-0.090***	0.010	-0.178***	1.000	-0.451***	0.079***
Chg	0.035***	0.010	0.052***	-0.017	0.037***	0.023*	-0.068***	-0.066***	-0.369***	1.000	-0.061***
Marketlaw	0.045***	0.105***	0.002	0.039***	-0.175***	0.017	-0.068***	0.132***	0.083***	-0.059***	1.000

注：***、**和*分别表示在1%、5%和10%的水平上显著相关。

权性质为国有企业都会提高公司会计稳健性,而应收账款比例大、董事长和总经理两职合一会降低会计稳健性;在事务所层面,公司聘请大型会计师事务所、事务所变更会提高企业会计信息稳健性。

(五) 多元回归分析

表5.6给出了公司战略与会计稳健性的多元回归结果。

首先,针对假设5.1,分析公司战略对会计稳健性的影响作用,表5.6第2列至第4列报告了回归分析的结果。第2列显示,以会计稳健性指数为被解释变量,纳入公司战略进行单因素回归分析,公司战略的回归系数显著为负。第3列显示,仅纳入控制变量进行回归分析,公司规模、有形资本密集度、董事会规模、独立董事比例、产权性质及股权结构等大多数变量至少在10%水平显著,而且变量符号与已有文献基本吻合,说明模型设计及变量选取较为合理。第4列显示,同时纳入公司战略与控制变量组合,公司战略的回归系数在5%的水平上显著为负。上述结果综合表明,公司战略定位越激进,会计稳健性越差,支持假设5.1。

其次,针对假设5.2,分析审计专家对公司战略与会计稳健性两者关系的调节作用。表5.6第5列至第6列报告了多元回归分析的结果。第5列显示,以会计稳健性指数作为被解释变量,纳入审计专家进行单因素回归分析,审计专家的回归系数在1%的水平上显著为正,说明审计专家能发挥治理效应,提高公司的会计稳健性。第6列表明,进一步纳入公司战略、公司战略与审计专家的交乘项及控制变量进行回归,公司战略的回归系数在5%的水平上显著为负,公司战略与审计专家的交乘项的系数显著为正。这表明审计专家能够提高战略激进公司的会计稳健性,本书假设5.2得到验证。合理的解释是：审计专家能有效抑制战略定位激进公司的风险行为，识别其激进的会计政策和错报风险来源，提高其会计稳健性。

表 5.6　公司战略对企业会计稳健性的影响路径以及外部审计的治理效应

变量	C – Score	C – Score	C – Score
Stra	-0.001* (-1.801)	-0.0002** (-2.107)	-0.0002** (-2.119)
Expt		0.007*** (3.961)	-0.008** (-2.005)
Expt × Stra			0.000** (2.038)
Size	0.016*** (3.844)	0.016*** (3.845)	0.016*** (3.825)
MTB	0.001 (0.287)	0.001 (0.316)	0.001 (0.326)
Rec	0.004 (1.454)	0.004 (1.629)	0.004* (1.663)
Inv	0.001 (0.766)	0.001 (0.812)	0.001 (0.828)
PE	0.007** (2.225)	0.005** (2.275)	0.006** (2.303)
ROE	-0.018 (-1.068)	-0.017 (-1.049)	-0.017 (-1.051)
Grow	-0.000 (-0.261)	-0.000 (-0.254)	-0.000 (-0.246)
CC	0.000 (0.621)	0.000 (0.676)	0.000 (0.731)
Board	-0.004*** (-3.069)	-0.004*** (-3.109)	-0.004*** (-3.067)

续表

变量	$C-Score$				
$Supv$		-0.013***	-0.013***		-0.013***
		(-4.639)	(-4.610)		(-4.703)
SOE		0.001*	0.001*		0.001*
		(1.848)	(1.730)		(1.765)
$Top1$		-0.003***	-0.003***		-0.003***
		(-3.383)	(-3.527)		(-3.536)
$List$		-0.000	-0.000		-0.000
		(-0.108)	(-0.107)		(-0.119)
$Big14$		0.000	0.000		0.000
		(0.096)	(0.083)		(0.035)
$Tenu$		-0.000	-0.000		-0.000
		(-1.305)	(-1.362)		(-1.364)
Chg		-0.001	-0.001		-0.001
		(-1.290)	(-1.316)		(-1.383)
$Marketlaw$		-0.000	-0.000		-0.000
		(-0.360)	(-0.493)		(-0.349)
$Cons$	0.004	-0.360***	-0.356***	-0.016**	-0.356***
	(0.423)	(-3.971)	(-3.979)	(-2.415)	(-3.970)
$AudFirm$	控制	控制	控制	控制	控制
$Year$	控制	控制	控制	控制	控制
Ind	控制	控制	控制	控制	控制
调整 R^2	0.523	0.639	0.639	0.518	0.639
F 值	150.9	183.8	182.2	152.6	179.2
样本量	10199	10199	10199	10199	10199

注：括号内为 t 值，***、**和*分别表示在1%、5%和10%的水平上显著，变量回归系数的标准误在公司层面与年度层面进行了 Cluster 调整。

第四节 稳健性分析

（一）考虑公司战略类型与公司战略稳定性

1. 公司战略类型

表5.7第2列的结果显示：将公司战略划分3类之后，激进型战略的系数显著为负，保守型战略的系数为负但不显著，这可以说明，战略激进型公司的会计稳健性较差，而战略保守型公司的会计稳健性较高。表5.7第3列的结果显示，纳入审计专家虚拟变量、审计专家与激进型战略的交乘项和审计专家与保守型战略的交乘项进行回归分析，结果表明：激进型战略与审计专家的交乘项的回归系数显著为正，保守型战略与审计专家的交乘项的系数为负但不显著。上述结果表明：相比于战略保守型公司，战略激进型公司更"偏好"不稳健的会计信息处理方式，会计信息稳健性较差，但审计专家能够有效抑制采取激进型战略的公司在会计信息处理上的激进行为，提高公司会计信息稳健性，上述结果与前文主测试的结论是基本一致的。

2. 公司战略稳定性

公司战略作为全局性的长远规划，不会轻易发生重大变化，应避免公司战略变化较大可能引起的测度偏误。因此，本书剔除前后年度公司战略值差异大于3（公司战略波动较大的观测值），以保证样本公司战略的稳定性和数据合理性。表5.7第5列的结果显示：删除公司战略波动较大的观测值后，仅纳入公司战略变量进行回归分析，公司战略的系数仍显著为负。此外，表5.7第6列显示：纳入审计专家虚拟变量以及审计专家和公司战略的交乘项进行回归分析，公司战略的回归系数显著为负，审计专家和公司战略的交乘项的系数显著为正。这说明，公司战略越激进，会计信息稳健性越差，但审计专家对战略激进公司的不稳健会计信息行为发挥了显著的抑制和监督作用，研究结论也与前文一致。

表 5.7 划分公司战略类型以及考虑公司战略稳定性

变量	公司战略类型		变量	公司战略稳定性	
Off_Stra	−0.001** (−2.385)	−0.002 (0.000)	Stra	−0.0002** (−2.430)	−0.0002** (−2.426)
Def_Stra	−0.001 (−0.589)	−0.001 (−0.016)	Expt		−0.006* (−1.931)
Expt		−0.001 (−0.854)	Expt × Stra		0.000** (2.056)
Expt × Off_Stra		0.007* (1.740)			
Expt × Def_Stra		−0.002 (−1.018)			
Size	0.016*** (3.844)	0.016*** (3.828)	Size	0.016*** (3.868)	0.016*** (3.847)
MTB	0.001 (0.295)	0.001 (0.307)	MTB	0.001 (0.200)	0.001 (0.209)
Rec	0.004 (1.422)	0.004 (1.483)	Rec	0.005* (1.814)	0.005* (1.846)
Inv	0.001 (0.780)	0.001 (0.798)	Inv	0.001 (0.841)	0.001 (0.849)
PE	0.007** (2.362)	0.007** (2.376)	PE	0.007*** (2.936)	0.007*** (2.962)
ROE	−0.018 (−1.071)	−0.018 (−1.067)	ROE	−0.016 (−1.099)	−0.016 (−1.101)
Grow	−0.001 (−0.251)	−0.001 (−0.248)	Grow	−0.002 (−0.368)	−0.002 (−0.354)

续表

变量	公司战略类型		变量	公司战略稳定性	
CC	0.004 (0.637)	-0.004 (0.662)	CC	0.002 (1.394)	-0.003 (1.456)
Board	-0.004*** (-3.091)	-0.004*** (-3.020)	Board	-0.003** (-2.459)	-0.003** (-2.443)
Supv	-0.013*** (-4.723)	-0.013*** (-4.802)	Supv	-0.010*** (-3.063)	-0.010*** (-3.105)
SOE	0.001* (1.840)	0.001* (1.927)	SOE	0.001* (1.891)	0.001* (1.894)
Top1	-0.003*** (-2.963)	-0.003*** (-3.048)	Top1	-0.002 (-1.206)	-0.002 (-1.234)
List	-0.004 (-0.103)	-0.004 (-0.124)	List	-0.003 (0.388)	-0.003 (0.375)
Big14	0.002 (0.095)	0.002 (0.078)	Big14	0.001 (0.607)	0.001 (0.566)
Tenu	-0.001 (-1.302)	-0.001 (-1.311)	Tenu	-0.001 (-1.184)	-0.001 (-1.177)
Chg	-0.001 (-1.267)	-0.001 (-1.279)	Chg	-0.001 (-1.283)	-0.001 (-1.324)
Marketlaw	-0.001 (-0.380)	-0.001 (-0.303)	Marketlaw	-0.001 (-0.676)	-0.001 (-0.547)
Cons	-0.360*** (-3.971)	-0.361*** (-3.965)	Cons	-0.359*** (-4.027)	-0.359*** (-4.019)
AudFirm	控制	控制	AudFirm	控制	控制
Year	控制	控制	Year	控制	控制
Ind	控制	控制	Ind	控制	控制
调整 R^2	0.639	0.639	调整 R^2	0.650	0.650
F 值	179.7	175.1	F 值	164.0	160.8
样本量	10199	10199	样本量	8662	8662

注：括号内为 t 值，***、**和 * 分别表示在1%、5%和10%的水平上显著，变量回归系数的标准误在公司层面与年度层面进行了 Cluster 调整。

(二) 考虑关键变量的替代测度

为保证研究结论的稳健性，本章节进一步考虑了关键变量的测度问题。

1. 审计专家的替代测度

将所有 A 股上市公司的签字审计师按照行业审计经验进行排序，然后，将同时满足各行业排名前 10% 和前 10 名的审计师界定为审计专家，$Expt2$ 取值 1，否则取值 0。表 5.8 第 2 列结果显示：以会计稳健性指数作为被解释变量，纳入审计专家替代测度进行回归分析，审计专家的回归系数在 1% 的水平上显著为正。表 5.8 第 3 列结果显示：进一步纳入公司战略与审计专家替代测度的交乘项，公司战略的系数显著为负，公司战略与审计专家的交乘项的回归系数显著为正。上述说明，审计专家凭借其职业能力和独立性能够有效缓解战略激进公司激进的会计行为，提高其会计稳健性。上述结果也说明，改变审计专家的界定标准之后，研究结论与前文一致。

2. 会计稳健性的替代测度

根据前文计算会计稳健性的方法，采用未经市场调整的股票复合收益率代替经市场调整的年度股票复合收益率，重新计算会计稳健性指标并作为会计稳健性的替代测度。表 5.8 第 5 列显示，公司战略的回归系数仍显著为负；表 5.8 第 6 列结果显示，公司战略与审计专家的交乘项的回归系数仍显著为正。上述结果说明，激进的公司战略降低了公司的会计稳健性水平，而审计专家提高了战略激进公司的会计稳健性，发挥了良好的治理作用。在考虑了会计稳健性的替代测度后，研究结论与前文一致。

表 5.8　审计专家的替代测度和会计稳健性指数的替代测度

变量	审计专家替代测度		变量	稳健性替代测度	
$Expt2$	0.007***	-0.005	$Stra$	-0.001***	-0.001***
	(4.126)	(-1.144)		(-3.856)	(-2.861)
$Stra$		-0.001**	$Expt$		-0.040*
		(-2.130)			(-1.849)
$Expt2 \times Stra$		0.001*	$Expt \times Stra$		0.002**
		(1.725)			(2.059)
$Size$		0.016***	Lev	0.001	0.002
		(3.823)		(-0.059)	(-0.067)
MTB		0.001	MTB	-0.028	-0.028
		(0.314)		(-1.054)	(-1.052)
Rec		0.004	Rec	-0.004	-0.004
		(1.618)		(-0.283)	(-0.240)
Inv		0.001	Inv	-0.003	-0.003
		(0.826)		(-0.396)	(-0.378)
PE		0.005**	PE	0.019**	0.020**
		(2.306)		(2.550)	(2.359)
ROE		-0.017	ROE	0.042	0.042
		(-1.050)		(1.301)	(1.301)
$Grow$		0.003	$Grow$	-0.001	-0.001
		(-0.256)		(-0.757)	(-0.751)
CC		0.001	CC	-0.001	-0.001
		(0.693)		(0.045)	(0.034)
$Board$		-0.004***	$Board$	0.010	0.010
		(-3.128)		(1.384)	(1.371)
$Supv$		-0.013***	$Supv$	0.062	0.062
		(-4.707)		(0.968)	(0.967)
SOE		0.001*	SOE	0.004	0.004
		(1.744)		(0.000)	(0.000)

续表

变量		审计专家替代测度	变量	稳健性替代测度	
$Top1$		-0.003***	$Top1$	0.021	0.022
		(-3.326)		(1.575)	(1.585)
$List$		-0.001	$List$	-0.001	-0.001
		(-0.108)		(-0.780)	(-0.792)
$Big14$		0.001	$Big14$	0.001	0.001
		(0.414)		(0.193)	(0.188)
$Tenu$		-0.001	$Tenu$	0.001	0.001
		(-1.409)		(0.854)	(0.854)
Chg		-0.001	Chg	0.008	0.008
		(-1.339)		(1.132)	(1.127)
$Marketlaw$		-0.001	$Marketlaw$	0.001	0.001
		(-0.493)		(0.173)	(0.178)
$Cons$	-0.014**	-0.356***	$Cons$	0.014	0.018
	(-2.051)	(-3.976)		(0.359)	(0.430)
$AudFirm$	控制	控制	$AudFirm$	控制	控制
$Year$	控制	控制	$Year$	控制	控制
Ind	控制	控制	Ind	控制	控制
调整 R^2	0.517	0.639	调整 R^2	0.719	0.719
F 值	151.9	178.7	F 值	108.7	107.2
样本量	10199	10199	样本量	10199	10199

注：括号内为 t 值，***、**和*分别表示在1%、5%和10%的水平上显著，变量回归系数的标准误在公司层面与年度层面进行了 Cluster 调整。

（三）考虑内生性问题

公司战略类型与企业会计稳健性的研究结论可能存在内生性问题。比如，公司管理者对风险的偏好程度会影响公司战略的激进程度，也会影响公司的会计信息处理政策，因此我们可能遗漏了公司战略对会计稳健性产生影响的潜在变量。此外，公司战略与企业会计稳健性之间可能存在互为因果的关系，这可能导致内生性问题和研究结论偏误。尽管本书针对公司战略稳定性的检验结果表明我国上市公司的战略稳定性较高，但仍无法排除诸如管理者风险偏好等变量遗漏问题。为了解决上述问题，首先，本书借鉴刘行（2016）的经验，在模型中纳入管理者风险偏好的特征变量；其次，为控制其他变量的潜在遗漏问题，设置公司固定效应模型予以检验；最后，为缓解潜在的互为因果关系问题，构建 Heckman 两阶段模型进行稳健性检验。

1. 考虑管理者的风险偏好

纳入高管的男性比例（M_gen）、董事会的男性比例（B_gen）、高管的平均年龄（M_old）和董事会的平均年龄（B_old）等影响管理层风险偏好和敏感性的控制变量进行回归分析。表 5.9 第 2 列和第 3 列的结果显示：公司战略的回归系数显著为负，公司战略与审计专家的交乘项的回归系数显著为正，这与前文结论一致。

2. 控制公司固定效应

为控制其他变量的潜在遗漏问题，设置公司固定效应模型。表 5.9 第 4 列和第 5 列结果显示：在控制公司固定效应之后，公司战略的系数显著为负，公司战略与审计专家的交乘项的回归系数显著为正，研究结论依然稳健。

表 5.9 考虑管理者的风险偏好及控制公司固定效应

变量	考虑管理者的风险偏好		控制公司固定效应	
$Stra$	-0.0001*	-0.0001*	-0.0002**	-0.0002***
	(-1.850)	(-1.903)	(-2.365)	(-2.769)

续表

变量	考虑管理者的风险偏好		控制公司固定效应	
$Expt$		-0.007**		-0.010*
		(-2.016)		(-1.914)
$Expt \times Stra$		0.000**		0.001*
		(1.986)		(1.837)
M_gen	-0.002**	-0.002**	-0.004	-0.004
	(-2.360)	(-2.228)	(-0.864)	(-0.869)
B_gen	0.002	0.002	-0.003	-0.003
	(1.246)	(1.240)	(-0.500)	(-0.501)
M_old	-0.003	-0.003	-0.004	-0.004
	(-1.025)	(-0.989)	(0.545)	(0.564)
B_old	-0.002	-0.002	-0.003	-0.003
	(-0.611)	(-0.598)	(-0.408)	(-0.423)
$Size$	0.016***	0.016***	0.027***	0.027***
	(3.827)	(3.809)	(20.238)	(20.167)
MTB	0.001	0.001	0.007***	0.007***
	(0.338)	(0.348)	(10.382)	(10.389)
Rec	0.004	0.004*	0.001	0.001
	(1.626)	(1.670)	(0.306)	(0.298)
Inv	0.001	0.001	-0.001	-0.001
	(0.780)	(0.790)	(-0.716)	(-0.701)
PE	0.006***	0.006***	0.011**	0.011**
	(2.800)	(2.813)	(2.209)	(2.209)
ROE	-0.016	-0.016	-0.026***	-0.026***
	(-1.000)	(-1.001)	(-4.019)	(-4.044)
$Grow$	-0.002	-0.002	-0.003	-0.003
	(-0.367)	(-0.360)	(-0.432)	(-0.398)
CC	0.001	0.001	-0.001	-0.001
	(0.052)	(0.095)	(-0.681)	(-0.652)
$Board$	-0.005***	-0.004***	-0.006***	-0.006***
	(-3.916)	(-3.844)	(-2.635)	(-2.583)

续表

变量	考虑管理者的风险偏好		控制公司固定效应	
$Supv$	-0.011***	-0.011***	-0.004	-0.004
	(-4.852)	(-4.934)	(-0.664)	(-0.661)
SOE	0.001**	0.001**	0.004*	0.004*
	(2.019)	(2.048)	(1.892)	(1.885)
$Top1$	-0.002**	-0.002**	-0.004	-0.004
	(-2.359)	(-2.379)	(-0.585)	(-0.559)
$List$	-0.001	-0.001	0.005***	0.005***
	(-0.147)	(-0.157)	(14.212)	(14.175)
$Big14$	0.001	0.001	-0.001	-0.001
	(0.972)	(0.961)	(-0.253)	(-0.258)
$Tenu$	-0.002	-0.002	-0.002*	-0.002*
	(-0.810)	(-0.797)	(-1.777)	(-1.752)
Chg	-0.001	-0.001	-0.001	-0.001
	(-0.402)	(-0.466)	(-0.874)	(-0.907)
$Marketlaw$	-0.003	-0.003	0.001	0.001
	(-0.865)	(-0.858)	(1.190)	(1.231)
$Cons$	-0.351***	-0.351***	-0.662***	-0.660***
	(-4.060)	(-4.052)	(-20.883)	(-20.785)
$AudFirm$	控制	控制	控制	控制
$Year$	控制	控制	控制	控制
Ind	控制	控制	控制	控制
调整 R^2	0.641	0.641	0.621	0.621
F 值	168.3	165.5	168.3	165.5
样本量	9693	9693	9693	9693

注：括号内为 t 值，***、**和*分别表示在1%、5%和10%的水平上显著，变量回归系数的标准误在公司层面与年度层面进行了 Cluster 调整。

3. 构建 Heckman 两阶段模型

第一阶段，构建公司战略选择模型，在原模型所有控制变量的基础上，纳入公司战略类型滞后一期变量 LOff_Stra 与 LDef_Stra，分别进行回归，计算两者的逆米尔斯比率，分别命名为 jIMR 和 bIMR，然后将其分别代入模型（5.1）、模型（5.2）重新进行回归。表5.10 第 2 列和第 3 列列示第一阶段结果：分别以 Off_Stra 与 Def_Stra 作为被解释变量，LOff_Stra 与 LDef_Stra 的回归系数均在 1% 的水平上显著。表 5.10 第 4 列和第 5 列列示了 Heckman 第二阶段结果：公司战略的系数显著为负，公司战略与审计专家的交乘项的系数显著为正，研究结论与前文一致。

表 5.10 Heckman 两阶段模型

变量	第一阶段		第二阶段	
	Off_Stra 为被解释变量	Def_Stra 为被解释变量	公司战略	审计专家
Stra			-0.0001* (-1.915)	-0.0001** (-2.031)
Expt				-0.008** (-2.020)
Expt × Stra				0.000** (2.042)
LOff_Stra	2.322*** (40.000)			
LDef_Stra		2.405*** (40.765)		
jIMR			0.001 (-0.021)	0.001 (-0.086)
bIMR			0.000** (2.019)	0.000* (1.915)
Marketlaw	-0.023*** (-3.105)	0.016** (2.311)	0.001 (-0.181)	0.001 (-0.011)

续表

变量	第一阶段		第二阶段	
	Off_Stra 为被解释变量	Def_Stra 为被解释变量	公司战略	审计专家
$Size$	0.013	-0.003	0.016***	0.016***
	(0.397)	(-0.093)	(3.901)	(3.879)
MTB	0.090***	-0.089***	0.001	0.001
	(5.446)	(-3.614)	(0.219)	(0.228)
Rec	0.437***	-1.076***	0.005	0.005*
	(2.849)	(-5.133)	(1.627)	(1.664)
Inv	0.065	-0.064	0.001	0.001
	(1.605)	(-1.170)	(0.948)	(0.957)
PE	-1.987***	1.606***	0.007**	0.008**
	(-8.667)	(9.035)	(2.088)	(2.136)
ROE	-0.109	-0.866***	-0.015	-0.0150
	(-0.372)	(-2.815)	(-0.995)	(-0.996)
$Grow$	0.051***	-0.001	-0.001	-0.001
	(6.079)	(-0.223)	(-0.531)	(-0.532)
CC	0.065	0.015	0.001	0.001
	(0.976)	(0.210)	(0.910)	(0.966)
$Board$	0.017	0.040	-0.003**	-0.003**
	(0.142)	(0.328)	(-2.362)	(-2.339)
$Supv$	-0.470	-0.428	-0.010***	-0.010***
	(-1.208)	(-1.136)	(-4.376)	(-4.424)
SOE	-0.280***	0.064	0.001**	0.001**
	(-4.466)	(1.017)	(2.241)	(2.339)
$Top1$	0.100	0.480**	-0.001	-0.002
	(0.505)	(2.549)	(-1.306)	(-1.399)
$List$	0.002	-0.001	0.001	0.002
	(0.358)	(-0.202)	(0.271)	(0.254)
$Big14$	0.003	-0.014	0.002	0.001
	(0.018)	(-0.076)	(0.683)	(0.674)

续表

变量	第一阶段		第二阶段	
	Off_Stra 为被解释变量	Def_Stra 为被解释变量	公司战略	审计专家
$Tenu$	-0.009	0.006	-0.001	-0.002
	(-1.383)	(0.957)	(-1.290)	(-1.274)
Chg	0.005	0.078	-0.001	-0.001
	(0.054)	(0.802)	(-1.406)	(-1.491)
$Cons$	-1.974**	-2.606***	-0.363***	-0.363***
	(-2.342)	(-3.239)	(-4.060)	(-4.051)
$AudFirm$	控制	控制	控制	控制
$Year$	控制	控制	控制	控制
Ind	控制	控制	控制	控制
调整 R^2	0.361	0.421	0.650	0.650
F 值	138.3	145.5	176.5	173.0
样本量	9081	9116	9042	9042

注：括号内为 t 值，***、**和*分别表示在1%、5%和10%的水平上显著，变量回归系数的标准误在公司层面与年度层面进行了 Cluster 调整。

第五节 拓展分析

众所周知，外部审计发挥公司鉴证与监督职能受到诸多因素的共同影响，包括客户公司特征、会计师事务所主体特征及审计师个体异质性等，这些因素共同构成了审计职能的内外约束机制。为考察审计专家对不同公司会计稳健性发挥监督作用的约束机制，本书构建模型（5.3），其中，$X_{i,t}$ 表示不同维度的约束机制，交乘项 $Stra_{i,t} \times Expt_{i,t} \times X_{i,t}$ 的系数 α_7 反映了不同维度的约束机制对审计专家监督效应产生的影响，其他变量同模型（5.2）。

$$C - score = \alpha_0 + \alpha_1 Stra_{i,t} + \alpha_2 Expt_{i,t} + \alpha_3 X_{i,t} + \alpha_4 Stra_{i,t} \times Expt_{i,t} +$$
$$\alpha_5 Stra_{i,t} \times X_{i,t} + \alpha_6 Expt_{i,t} \times X_{i,t} + \alpha_7 Stra_{i,t} \times Expt_{i,t} \times X_{i,t} +$$
$$\sum Control_{i,t} + \sum Audfirm_{i,t} + \sum Years_{i,t} + \sum Ind_{i,t} + \varepsilon_{i,t} \quad (5.3)$$

（一）审计专家效应的制约机制之事务所层面因素

会计师事务所是审计业务的承接主体和出具审计报告的责任主体，也是审计师执业活动必须依赖的团队主体，不同类型及规模的事务所的声誉及质量控制机制不尽相同，这必定在某种程度上影响审计专家效应的实际发挥。

1. 区分事务所类型

设置事务所规模虚拟变量，若公司聘请的事务所为国际四大所，则 $Big4$ 取值为1，否则为0；若公司聘请国际四大所或国内十大所，则 $Big14$ 取值为1，否则取值为0。表5.11第2列和第3列的结果显示："四大"组中公司战略的系数显著为负，公司战略与事务所规模的交乘项的系数显著为正，而"十四大"组中两者均不显著。这说明"四大"具备更好的组织支持机制，更有利于审计专家开展工作，发挥审计监督效应，促使战略激进型企业的会计信息稳健性提高。此外，我们考虑审计专家的监督效应在不同规模类型的事务所之间是否有差异，设置两个交乘项——$Expt \times Stra \times Big4$ 和 $Expt \times Stra \times Big14$。表5.11第5列和第6列的结果显示：公司战略与审计专家的交乘项的系数依然显著为正，$Expt \times Stra \times Big4$ 和 $Expt \times Stra \times Big14$ 的系数在"四大"和"十四大"组中为负但均不显著。这说明审计专家的个人监督效应能明显地发挥，大所的监督效应在一定程度上可能会替代或弱化审计专家个人的监督效应，进一步说明审计业务的质量及监督效果主要取决于执行项目工作的审计师及其团队。

表 5.11　区分事务所类型及审计专家效应的发挥

变量	"四大"规模效应	"十四大"规模效应	变量	"四大"中的审计专家效应	"十四大"中的审计专家效应
Stra	-0.001**	-0.001	Stra	-0.001**	-0.001*
	(-2.174)	(-1.472)		(-2.204)	(-1.752)
Big4	-0.012		Expt	-0.008**	-0.008**
	(0.031)			(-2.229)	(-1.999)
Big4×Stra	0.001***		Big4 (Big14)	-0.013	0.001
	(2.628)			(-0.001)	(0.021)
Big14×Stra		-0.002	Stra×Expt	0.000**	0.001**
		(-0.147)		(2.334)	(2.209)
			Stra×Big4 (Big14)	0.001*	-0.001
				(1.878)	(-0.190)
			Expt×Big4	0.002	0.001
				(0.927)	(0.084)
			Expt×Stra×Big4 (Big14)	-0.002	-0.003
				(-1.514)	(-0.325)
Size	0.016***	0.016***	Size	0.016***	0.016***
	(3.845)	(3.847)		(3.824)	(3.830)
MTB	0.001	0.001	MTB	0.001	0.001
	(0.318)	(0.316)		(0.327)	(0.328)
Rec	0.004	0.004	Rec	0.004*	0.004*
	(1.636)	(1.631)		(1.678)	(1.677)
Inv	0.001	0.001	Inv	0.001	0.001
	(0.815)	(0.812)		(0.829)	(0.832)
PE	0.005**	0.005**	PE	0.006**	0.006**
	(2.282)	(2.269)		(2.319)	(2.280)
ROE	-0.017	-0.017	ROE	-0.017	-0.017
	(-1.053)	(-1.048)		(-1.055)	(-1.053)
Grow	-0.003	-0.003	Grow	-0.004	-0.004
	(-0.251)	(-0.254)		(-0.245)	(-0.239)

续表

变量	"四大"规模效应	"十四大"规模效应	变量	"四大"中的审计专家效应	"十四大"中的审计专家效应
CC	0.002	0.002	CC	0.001	0.001
	(0.681)	(0.672)		(0.712)	(0.730)
$Board$	-0.004***	-0.004***	$Board$	-0.004***	-0.004***
	(-3.163)	(-3.056)		(-3.095)	(-3.023)
$Supv$	-0.013***	-0.013***	$Supv$	-0.012***	-0.013***
	(-4.598)	(-4.586)		(-4.598)	(-4.644)
SOE	0.001*	0.001*	SOE	0.001*	0.001*
	(1.757)	(1.716)		(1.772)	(1.751)
$Top1$	-0.003***	-0.003***	$Top1$	-0.003***	-0.003***
	(-3.440)	(-3.545)		(-3.550)	(-3.416)
$List$	-0.004	-0.004	$List$	-0.003	-0.003
	(-0.107)	(-0.107)		(-0.120)	(-0.122)
$Tenu$	-0.003	-0.003	$Tenu$	-0.002	-0.002
	(-1.367)	(-1.356)		(-1.403)	(-1.350)
Chg	-0.001	-0.001	Chg	-0.001	-0.001
	(-1.324)	(-1.270)		(-1.379)	(-1.304)
$Marketlaw$	-0.015	-0.015	$Marketlaw$	-0.021	-0.021
	(-0.478)	(-0.493)		(-0.355)	(-0.342)
$Cons$	-0.371***	-0.356***	$Cons$	-0.372***	-0.356***
	(-4.085)	(-3.961)		(-4.076)	(-3.944)
$AudFirm$	Yes	Yes	$AudFirm$	Yes	Yes
$Year$	Yes	Yes	$Year$	Yes	Yes
Ind	Yes	Yes	Ind	Yes	Yes
调整R^2	0.639	0.639	调整R^2	0.639	0.639
F值	180.1	180.1	F值	175.1	173.3
样本量	10199	10199	样本量	10199	10199

注：括号内为t值，***、**和*分别表示在1%、5%和10%的水平上显著，变量回归系数的标准误在公司层面与年度层面进行了Cluster调整。

2. 考虑事务所的行业专长

采用客户组合法分年度计算每家事务所在各行业累计审计的客户公司总资产的合计数，作为行业经验积累的测度指标；然后，取合计数的中值，大于年度中位数的事务所视为具备行业专长，$FirmSpe$ 取值为 1，否则取值为 0。表 5.12 第 2 列的结果显示：公司战略和事务所专长的交乘项的系数显著为正。这说明事务所专长显著存在监督效应，具有行业专长的事务所能够提高战略激进型公司的会计信息稳健性。表 5.12 第 3 列的结果显示：同时考虑事务所专长和审计师个人专长，审计师个人专长与公司战略交乘项的系数仍然显著为正，但是 $Stra \times Expt \times FirmSpe$ 的系数不显著。这说明事务所层面的行业专长形成的良好监督效应在一定程度上可能会替代或弱化审计师个人的监督效应，但这种弱化作用不显著。

表 5.12 考虑事务所的行业专长

变量	事务所专长	事务所专长和审计师个人专长
$Stra$	-0.001** (-2.461)	-0.001** (-2.500)
$FirmSpe$	-0.004** (-2.011)	-0.004 (-1.398)
$Stra \times FirmSpe$	0.001** (2.318)	0.001* (1.871)
$Expt$		-0.007 (-1.553)
$Stra \times Expt$		0.003** (1.975)
$Expt \times FirmSpe$		-0.002 (-0.145)

续表

变量	事务所专长	事务所专长和审计师个人专长
$Stra \times Expt \times FirmSpe$		0.001
		(−0.306)
Size	0.016***	0.016***
	(3.855)	(3.832)
MTB	0.001	0.001
	(0.322)	(0.341)
Rec	0.004	0.004
	(1.491)	(1.557)
Inv	0.001	0.001
	(0.819)	(0.831)
PE	0.005**	0.006**
	(2.258)	(2.258)
ROE	−0.017	−0.018
	(−1.066)	(−1.076)
Grow	−0.034	−0.023
	(−0.246)	(−0.235)
CC	0.017	0.021
	(0.630)	(0.677)
Board	−0.004***	−0.004***
	(−3.084)	(−3.033)
Supv	−0.013***	−0.012***
	(−4.681)	(−4.761)
SOE	0.001*	0.001*
	(1.739)	(1.790)
Top1	−0.003***	−0.003***
	(−3.812)	(−3.837)
List	−0.001	−0.001
	(−0.094)	(−0.104)
Big14	0.018	−0.019
	(0.027)	(−0.246)

续表

变量	事务所专长	事务所专长和审计师个人专长
Tenu	-0.001	-0.001
	(-1.346)	(-1.376)
Chg	-0.001	-0.001
	(-1.307)	(-1.434)
Marketlaw	-0.021	-0.022
	(-0.493)	(-0.327)
Cons	-0.354***	-0.355***
	(-3.953)	(-3.939)
调整 R^2	0.639	0.640
F 值	177.9	171.1
样本量	10199	10199

注：括号内为 t 值，***、**和*分别表示在1%、5%和10%的水平上显著，变量回归系数的标准误在公司层面与年度层面进行了 Cluster 调整。

（二）审计专家效应的制约机制之审计师个体层面因素

审计师个体异质性涵盖很多方面，现有文献研究主要涉及了审计师的年龄、性别、职务及教育背景等方面，本书借鉴此类文献并具体分析审计师个体异质性对审计监督效应所发挥的影响。

1. 审计师的性别特征

已有研究表明，相比于男性审计师，女性审计师具有较高的职业谨慎性和风险敏感性，更有可能识别战略激进型企业财务报告的不稳健行为，因此设定审计师性别组合虚拟变量，当两位签字审计师均是女性时，*Female* 取值为1，否则取值为0。表5.13第2列和第3列的结果显示：在审计师为女性组合的情况下，公司战略与审计专家的交乘项的系数显著为正，三者的交乘项 $Expt \times Stra \times Female$ 的系数显著为正。这说明女性审计专家可能具备较高的职业谨慎性和风险厌恶程度，审计专家的监督效应发挥得更好。

2. 审计师的年龄特征

已有研究表明，审计师的年龄是决定审计师个人经验积累的重要因素，同时影响了个人的职业努力及职业谨慎性，因此，设置签字审计师年龄组合虚拟变量，当两位审计师的年龄均值超过46岁时，视其为高龄审计师，Old 取值为1，否则取值为0。表5.13第6列结果显示：公司战略与审计专家的交乘项的系数仍显著为正，而三者交乘项 $Expt \times Stra \times Old$ 的系数不显著。这说明尽管审计专家会对战略激进型公司的不稳健行为起到积极监督作用，但是这种效应并不受审计师年龄特征的显著影响。

表5.13 考虑审计师的性别特征和年龄特征

变量	审计师的性别特征		变量	审计师的年龄特征	
	女性组合	审计专家		高龄组合	审计专家
$Stra$	-0.001*	-0.001**	$Stra$	-0.001**	-0.001**
	(-1.915)	(-1.983)		(-2.185)	(-2.472)
$Female$	-0.001	0.001	Old	0.002	0.002
	(-0.216)	(0.337)		(0.114)	(-0.100)
$Stra \times Female$	0.003	0.002	$Stra \times Old$	0.003	0.002
	(0.561)	(-0.214)		(0.109)	(0.355)
$Expt$		-0.007**	$Expt$		-0.011*
		(-1.981)			(-1.928)
$Expt \times Stra$		0.000**	$Expt \times Stra$		0.001**
		(2.032)			(2.159)
$Expt \times Female$		-0.005	$Expt \times Old$		0.007
		(-1.219)			(1.381)
$Expt \times Stra \times Female$		0.001**	$Expt \times Stra \times Old$		0.002
		(2.033)			(-1.507)

续表

变量	审计师的性别特征		变量	审计师的年龄特征	
	女性组合	审计专家		高龄组合	审计专家
Size	0.016***	0.016***	Size	0.016***	0.016***
	(3.847)	(3.828)		(3.850)	(3.826)
MTB	0.001	0.001	MTB	0.001	0.001
	(0.316)	(0.328)		(0.317)	(0.328)
Rec	0.004	0.004*	Rec	0.004	0.004*
	(1.641)	(1.673)		(1.643)	(1.674)
Inv	0.001	0.001	Inv	0.001	0.00100
	(0.809)	(0.819)		(0.821)	(0.820)
PE	0.005**	0.006**	PE	0.005**	0.006**
	(2.282)	(2.303)		(2.308)	(2.304)
ROE	-0.017	-0.017	ROE	-0.017	-0.017
	(-1.049)	(-1.051)		(-1.045)	(-1.050)
Grow	-0.021	-0.018	Grow	-0.020	-0.016
	(-0.255)	(-0.245)		(-0.260)	(-0.252)
CC	0.001	0.001	CC	0.003	0.004
	(0.651)	(0.677)		(0.664)	(0.729)
Board	-0.004***	-0.004***	Board	-0.004***	-0.004***
	(-3.104)	(-3.060)		(-3.069)	(-2.998)
Supv	-0.013***	-0.013***	Supv	-0.013***	-0.013***
	(-4.630)	(-4.702)		(-4.590)	(-4.777)
SOE	0.001*	0.001*	SOE	0.001*	0.001*
	(1.726)	(1.772)		(1.689)	(1.718)
Top1	-0.003***	-0.003***	Top1	-0.003***	-0.003***
	(-3.561)	(-3.582)		(-3.311)	(-3.524)
List	-0.001	-0.002	List	-0.001	-0.002
	(-0.106)	(-0.121)		(-0.122)	(-0.136)
Big14	0.032	0.025	Big14	0.027	0.031
	(0.093)	(0.133)		(0.170)	(0.206)

续表

变量	审计师的性别特征		变量	审计师的年龄特征	
	女性组合	审计专家		高龄组合	审计专家
$Tenu$	-0.004	-0.005	$Tenu$	-0.003	-0.002
	(-1.387)	(-1.383)		(-1.332)	(-1.345)
Chg	-0.001	-0.001	Chg	-0.001	-0.001
	(-1.304)	(-1.340)		(-1.342)	(-1.461)
$Marketlaw$	-0.002	-0.003	$Marketlaw$	-0.002	-0.005
	(-0.512)	(-0.407)		(-0.415)	(-0.246)
$Cons$	-0.356***	-0.356***	$Cons$	-0.356***	-0.356***
	(-3.991)	(-3.983)		(-3.943)	(-3.939)
$AudFirm$	控制	控制	$AudFirm$	控制	控制
$Year$	控制	控制	$Year$	控制	控制
Ind	控制	控制	Ind	控制	控制
调整 R^2	0.639	0.639	调整 R^2	0.639	0.639
F 值	178.3	171.9	F 值	178.1	171.6
样本量	10199	10199	样本量	10199	10199

注：括号内为 t 值，***、**和*分别表示在1%、5%和10%的水平上显著，变量回归系数的标准误在公司层面与年度层面进行了 Cluster 调整。

（三）审计专家效应的制约机制之客户层面因素

在客户层面，客户公司和事务所的关系显著影响审计行为。就客户公司对事务所的重要程度而言，事务所与长期并重要的客户形成亲密的关系，但是这种审计师长期培养的关系可能会导致审计团队的自我满足，其可能形成固定思维模式并降低职业敏感性和风险识别度。与此相反，审计师对于聘任初期的新客户而言，更可能保持较高的独立性。

1. 审计师聘任初期

随着审计师任期延长，审计人员同被审单位及其有关管理人员的关系自然越来越密切。在这种情况下，他们会自觉或潜意识里关心被审单位的利益，可能为了避免审计意见对被审单位产生不利影响而放弃应坚持的原则，从而难以保持审计独立性。同时，随着对被审单位信任程度的加深，审计人员也可能不深入调查了解客户的真实情况而听信被审单位提供的各种书面或口头证据，难以保证审计质量。因此考虑事务所任期，将签字审计师任期（取两人任期的较长者）前3年视为"聘任初期"，New 取值为1，否则取0。表5.14 的结果显示：交乘项 $Expt \times Stra \times New$ 的系数显著为正。这说明在聘任初期，审计师独立性较好，审计专家的监督效应能更好地发挥，提高了战略激进型公司的会计稳健性；相反，随着审计师任期的延长，会产生独立性干扰效应，进而影响审计专家监督效应的发挥。

表 5.14 区分审计师聘任初期

变量	聘任初期	
$Stra$	-0.001	-0.001
	(-1.514)	(-1.504)
New	0.002	0.003
	(0.754)	(1.076)
$Stra \times New$	-0.001	-0.001
	(-0.561)	(-0.828)
$Expt$		-0.004
		(-1.079)
$Expt \times Stra$		0.002
		(1.166)

续表

变量	聘任初期	
$Expt \times New$		-0.010*
		(-1.821)
$Expt \times Stra \times New$		0.001**
		(2.235)
$Size$	0.016***	0.016***
	(3.844)	(3.823)
MTB	0.001	0.001
	(0.315)	(0.326)
Rec	0.004	0.004
	(1.608)	(1.636)
Inv	0.001	0.001
	(0.812)	(0.833)
PE	0.005**	0.006**
	(2.305)	(2.359)
ROE	-0.017	-0.017
	(-1.047)	(-1.047)
$Grow$	-0.002	-0.003
	(-0.246)	(-0.235)
CC	0.032	0.028
	(0.739)	(0.795)
$Board$	-0.004***	-0.004***
	(-3.180)	(-3.166)
$Supv$	-0.013***	-0.013***
	(-4.660)	(-4.736)
SOE	0.001*	0.001*
	(1.731)	(1.736)
$Top1$	-0.003***	-0.003***
	(-3.419)	(-3.213)
$List$	-0.021	-0.024
	(-0.109)	(-0.118)

续表

变量	聘任初期	
$Big14$	0.041	0.018
	(0.083)	(0.106)
$Tenu$	-0.001	-0.002*
	(-1.574)	(-1.652)
Chg	-0.001	-0.001
	(-1.217)	(-1.267)
$Marketlaw$	-0.021	-0.016
	(-0.469)	(-0.302)
$Cons$	-0.357***	-0.357***
	(-3.990)	(-3.985)
$AudFirm$	控制	控制
$Year$	控制	控制
Ind	控制	控制
调整 R^2	0.639	0.639
F 值	178.2	171.7
样本量	10199	10199

注：括号内为 t 值，***、**和*分别表示在 1%、5% 和 10% 的水平上显著，变量回归系数的标准误在公司层面与年度层面进行了 Cluster 调整。

2. 区分客户重要性

将签字审计师对客户公司的经济依赖度记为 Imp，其度量方式为客户公司的总资产除以签字审计师当年审计的所有客户公司总资产的合计数（取两位签字审计师的均值），若某位审计师对客户公司的经济依赖度高于该年度该行业所有签字审计师对其客户公司经济依赖度的均值，则审计师对客户的经济依赖较高，意味着公司是签字审计师的重要客户，Imp 取值为 1，否则取值为 0。表 5.15 第 3 列的结果显示：公司战略与审计专家的交乘项的系数显著为正，而

$Expt \times Stra \times Imp$ 的系数为负,这说明审计师对重要客户有较高的经济依赖度,因害怕客户的解聘威胁而趋向于迎合客户公司的激进会计信息处理行为,进一步削弱了审计专家的监督效应。

3. 区分客户产权性质

国有企业凭借其固有的优势,将影响审计师对风险的感知和审计治理效应的发挥,因此考虑客户产权性质,若客户公司为国有企业,SOE 取值为1,否则取值为0。表5.15第6列的结果显示:审计专家和公司战略的交乘项的系数显著为正,交乘项 $Expt \times Stra \times SOE$ 的系数显著为负。这说明在具有国有产权性质的企业中,审计专家的监督效应减弱,国企产权性质替代或弱化了审计专家的监督效应。

表5.15 区分客户重要性和客户产权性质

变量	客户重要性		变量	客户产权性质	
$Stra$	-0.001*** (-3.758)	-0.001*** (-3.696)	$Stra$	-0.001** (-2.391)	-0.001** (-2.348)
Imp	-0.002 (-1.173)	-0.003* (-1.695)	SOE	-0.005*** (-3.173)	-0.002 (-1.295)
$Stra \times Imp$	0.002 (0.954)	0.003** (2.006)	$Stra \times SOE$	0.002*** (2.728)	0.001*** (2.792)
$Expt$		-0.010** (-2.083)	$Expt$		-0.007* (-1.850)
$Expt \times Stra$		0.001** (2.051)	$Expt \times Stra$		0.004** (2.193)
$Expt \times Imp$		0.006 (1.127)	$Expt \times SOE$		0.002 (0.636)
$Expt \times Stra \times Imp$		-0.001 (-1.627)	$Expt \times Stra \times SOE$		-0.003* (-1.781)
$Size$	0.016*** (3.903)	0.016*** (3.864)	$Size$	0.016*** (3.845)	0.016*** (3.825)

续表

变量	客户重要性		变量	客户产权性质	
MTB	0.001 (0.320)	0.001 (0.338)	MTB	0.001 (0.333)	0.001 (0.343)
Rec	0.004* (1.651)	0.005* (1.710)	Rec	0.004* (1.658)	0.004* (1.690)
Inv	0.001 (0.815)	0.001 (0.828)	Inv	0.001 (0.822)	0.001 (0.835)
PE	0.005** (2.314)	0.006** (2.350)	PE	0.006** (2.304)	0.006** (2.298)
ROE	−0.017 (−1.056)	−0.018 (−1.067)	ROE	−0.017 (−1.071)	−0.018 (−1.073)
$Grow$	−0.023 (−0.255)	−0.021 (−0.229)	$Grow$	−0.031 (−0.241)	−0.019 (−0.231)
CC	0.003 (0.647)	0.004 (0.683)	CC	0.021 (0.712)	0.017 (0.740)
$Board$	−0.004*** (−3.109)	−0.004*** (−3.090)	$Board$	−0.004*** (−3.120)	−0.004*** (−3.023)
$Supv$	−0.013*** (−4.603)	−0.012*** (−4.649)	$Supv$	−0.013*** (−4.685)	−0.013*** (−4.679)
SOE	0.001* (1.767)	0.001* (1.850)	SOE	0.001* (1.786)	0.002* (1.832)
$Top1$	−0.003*** (−3.266)	−0.003*** (−3.310)	$Top1$	−0.003*** (−3.294)	−0.002*** (−3.314)
$List$	−0.021 (−0.105)	−0.036 (−0.123)	$List$	−0.034 (−0.110)	−0.042 (−0.131)
$Big14$	0.021 (0.151)	0.017 (0.172)	$Big14$	0.011 (0.098)	0.019 (−0.044)
$Tenu$	−0.021 (−1.453)	−0.034 (−1.461)	$Tenu$	−0.020 (−1.393)	−0.041 (−1.400)
Chg	−0.00 (−1.317)	−0.001 (−1.377)	Chg	−0.001 (−1.309)	−0.001 (−1.375)

续表

变量	客户重要性		变量	客户产权性质	
$Marketlaw$	-0.022	-0.017	$Marketlaw$	-0.021	-0.018
	(-0.544)	(-0.342)		(-0.488)	(-0.341)
$Cons$	-0.357***	-0.358***	$Cons$	-0.354***	-0.354***
	(-4.013)	(-3.973)		(-3.980)	(-3.968)
$AudFirm$	控制	控制	$AudFirm$	控制	控制
$Year$	控制	控制	$Year$	控制	控制
Ind	控制	控制	Ind	控制	控制
调整 R^2	0.639	0.640	调整 R^2	0.640	0.640
F 值	178.0	171.1	F 值	179.9	173.1
样本量	10199	10199	样本量	10199	10199

注：括号内为 t 值，***、**和*分别表示在1%、5%和10%的水平上显著，变量回归系数的标准误在公司层面与年度层面进行了 Cluster 调整。

第六节 本章小结

战略定位对公司的会计信息质量有着重要影响。本章基于审计治理视角，考察公司战略定位差异对会计稳健性的影响效应以及审计专家对两者关系的调节机制。利用2009～2016年我国沪深A股上市公司数据研究发现：公司战略与会计稳健性显著负相关，但审计专家具备外部治理功能，能显著弱化激进的战略定位对会计稳健性的负向影响。在考虑公司战略类型及战略稳定性、缓解内生性问题等一系列稳健测试之后，上述结论依然成立。进一步从事务所主体、审计师个体及客户公司3个维度考察审计专家发挥治理作用的约束机制，发现审计专家效应的发挥受到事务所特征、审计师个体异质性、客户公司产权性质等因素不同程度的制约。本书的研究结论对审计师、投资者和监管部门等外部利益相关者具有重要的启示意义。

第六章

公司战略与外部审计需求：基于迎合理论视角

本书第四和第五章以及现有诸多研究表明，公司战略定位会影响避税行为决策及会计信息质量（吕伟等，2014；叶康涛等，2015；孙健等，2016）。上述成果丰富了有关公司财务问题的研究。然而，人们在探究"公司战略→财务决策"这一作用链条及影响后果时，忽视了一个重要的问题：理论上，独立审计作为公司外部治理机制的重要一环，会对不同战略定位下公司管理层做出的财务决策行为发挥监督作用。那么，在公司实务中，管理层是否会出于公司战略定位的特殊需要"未雨绸缪"，在选聘审计师时表现出特殊偏好，从而迎合自身战略需求？换言之，公司战略定位如何影响外部审计需求，其经济后果又如何？这是一个亟待解答的重要问题。鉴于此，本章基于我国特殊的审计市场竞争格局，采用我国上市公司的数据进行理论推演和实证研究，尝试解答上述问题。

第一节 理论分析与假设提出

公司战略是指导公司发展方向的全局性长期目标，以及为实现这一目标而采取的一系列行动路线和资源配置方式（Chandler，

1962)。因此,公司的战略定位直接影响公司的经营模式与财务决策,需要各部门相互协调与配合,方能实现公司的预期战略目标。那么,战略定位不同的公司是否会通过选聘特质审计师来迎合自身需求?本书尝试从审计行业专长、声誉选择与聘期稳定性等方面展开剖析。

(一)公司战略定位与审计行业专长

审计是一项十分重视经验积累的工作,审计人员在某行业长期工作而逐渐形成的行业专长是事务所的核心竞争力之一,也是决定审计业务质量的关键因素(陈智、徐泓,2013)。那么,基于迎合理论视角,不同战略定位的公司,在事务所的审计行业专长方面有何选择偏好?

具体而言,一方面,已有学者研究发现,相对于战略保守的公司,战略激进的公司具有更强烈的盈余管理动机和更大的避税需求(吕伟等,2014;孙健等,2016),这些财务行为都在一定程度上受到外部审计的监督与制约,行业审计经验丰富、具有行业专长的事务所往往更容易识别并有效抑制公司的激进避税等不合理行为。换言之,审计经验丰富、具有行业专长的事务所不会迎合战略定位激进公司的特殊需求。另一方面,根据产品差异化原则,任何一种质量有差异的产品或服务,都会因消费者需求的不同而产生价格的差异,高质量的产品或服务往往意味着较高的价格。与此同理,具有审计行业专长的事务所提供的审计服务属于具有差异化且高质量的服务,这就意味着较高的审计收费。根据 Miles 和 Snow(1978)的经典研究,对于采取激进战略的公司而言,由于新产品的研发、新市场的开拓等都需要大量的资金,为满足自身节约支出的需求,其可能偏好于选聘并不具备审计行业专长的事务所。由此推断,战略定位越激进的公司越不青睐具备审计行业专长的事务所,提出假设 6.1。

假设 6.1:限定其他条件,公司战略定位越激进,越不倾向于选聘具备审计行业专长的事务所。

(二) 公司战略定位与声誉选择

基于信号传递理论与保险理论视角的研究表明,公司聘请的外部会计师事务所,一方面为公司财务报告直接提供合理的鉴证服务,另一方面也为公司间接提供了声誉担保。一旦公司被发现存在财务欺诈或舞弊行为,会计师事务所难逃连带之责,其声誉亦会受损。换言之,公司通过选聘会计师事务所的方式将审计师声誉与公司声誉绑定,而且规模越大的事务所"口袋越深",声誉绑定效应越大(叶凡等,2017)。那么,基于迎合理论视角,战略定位的差异如何影响审计师声誉选择?

研究发现,相对于战略定位保守的公司,战略定位激进的公司更重视新产品的开发与新市场的拓展(Miles and Snow,1978),这促使公司管理层努力塑造良好的市场声誉与品牌口碑。那么,从理论上讲,战略激进公司的管理层具有强烈的动机选聘大型事务所,绑定审计师声誉以迎合公司对高市场声誉的需求。具体而言,一方面,战略定位激进的公司成长速度较快,急于开拓新市场,良好的公司形象与市场声誉可以助其顺利打开市场局面;同时,战略激进的公司为了不断开拓新市场和研发新产品,需要大量的资金,这导致其相对于战略保守的公司具有更强烈的融资需求。在此情景下,战略激进的公司为塑造声誉和成功获取融资,更偏好于选聘具备良好审计声誉的大型事务所，这一决策行为可以向公司员工、投资者、债权人等内外部利益相关者传递一种利好消息，提高公司财务报告的可信度，缓解财务信息的不对称。另一方面，根据保险理论和"深口袋"理论，审计业务的需求方通常将审计业务的供给方视为一种财务风险的转移机制，当投资者因公司财务欺诈等行为遭受损失时往往会连同起诉公司和审计师事务所，以增加获得补偿的概率（Dye，2000）。而且事务所规模越大，这种保险价值越高，投资者获得补偿的额度越高。因此，相对于战略保守的公司，战略定位激进的公司由于经营不稳定性较高、投资风险较大，更需要获取公司外部担保以增强投资者信心。在此情景下，选聘高声誉的"大所"成为战略激进公司的一种上策。综上，基于信号传递理论与保险理论的分析可以推断，战略定位激进的公司更偏好选聘具备良好声誉的大型事务所。然而，我们仍无法完全排除另外一种可能：战略激进的公司往往具有更强烈的盈余管理动机与税收规避等财务需求（吕伟等，2014；孙健等，2016），然而大型事务所更不可能迎合公司的这些特殊需求，从这一角度而言，战略激进的公司更可能选聘容易配合的"小所"，以便达成预期战略目标。那么，战略激进的公司究竟偏好"大所"还是"小所"，这取决于管理层权衡的结果。鉴于此，提出竞争假设6.2。

假设6.2a：限定其他条件，公司战略定位越激进，越偏好于选聘声誉良好的"大所"。

假设6.2b：限定其他条件，公司战略定位越激进，越偏好于选聘容易配合的"小所"。

(三) 公司战略定位与聘期稳定性

通常，公司聘任会计师事务所的聘期反映了审计服务供需双方业务合作的稳定性，累计聘期越长说明公司管理层与审计师之间存在重大分歧的概率越小，合作稳定性越高。这是因为，公司更换现任审计师意味着要承担新的搜寻成本、谈判成本等支出，公司管理层不会轻易做出改聘决策，除非现任审计师无法迎合公司需求，尤其是诸如避税等特殊需求。那么，公司战略定位不同导致财务需求及目标不同，这将如何影响审计师聘期的稳定性？

具体而言，一方面，由于审计师为公司出具的年报审计意见类型直接反映了审计师对公司管理层及其负责编制的公司年报的认可程度，这是社会公众衡量公司市场形象的一个标准，因此战略定位激进的公司更重视塑造并维护良好的市场形象，也就更需要审计师以出具标准审计意见的方式给予公司认可。然而，由于战略定位激进的公司比较重视新产品研发及新市场拓展，因此面临的经营不确定风险较高，加之公司管理层在税收规避及财务信息披露等方面的特殊需求，这都直接或间接地增加了审计师面临的审计风险，审计师基于谨慎性原则选择不迎合公司管理层特殊财务需求的概率增加，导致审计双方在重大会计处理、审计意见类型等方面出现分歧的概率增加，最终的结果便是公司解聘现任审计师以期改聘更加迎合自身需求的审计师。另一方面，尽管在目前中国审计市场竞争环境下，客户仍是一种稀缺资源，尤其是上市公司客户，会计师事务所作为审计服务供给方，不会轻易地主动辞聘上市公司客户。但伴随着我国注册会计师行业监管制度的完善和惩戒力度的逐渐加大，事务所因审计失败遭到处罚的概率增加，这无疑增强了审计师的风险规避意识。那么，当战略定位激进公司的审计风险超出了事务所的可接受范围时,解聘客户就成为事务所的一种保险选择。基于上述分析,公司战略定位越激进,审计师更换的概率越高,累计聘期越短,聘期稳定性越差,由此提出假设6.3。

假设6.3:限定其他条件,公司战略定位越激进,审计聘期稳定性越差。

第二节　变量界定与模型构建

(一)变量界定

1. 公司战略

本书根据Bentley等(2013)、孙健等(2016)的研究方法,结合中国资本市场实际情况构建公司战略的测度变量,包括6个方面的子指标。鉴于在本书第三章中已具体阐述,在此不再赘述。

2. 审计师选聘策略

本书主要从3个方面反映公司选聘审计师事务所的偏好:审计行业专长、审计师声誉及聘期稳定性。

(1) 审计行业专长(MS)。审计行业专长是指公司聘请的事务所在公司所属行业的审计经验积累情况。本书测度审计行业专长的方法如下:①行业经验积累(Exp);②采用改进的市场份额法判断事务所的行业份额(Spe)。在公式(6.1)和公式(6.2)中,$TA_{i,k,j}$表示事务所i在行业k审计的客户公司j的总资产(反映审计业务复杂度),n表示事务所i在行业k审计的客户公司数量，N 表示行业 k 的公司总数，t 表示事务所 i 在行业 k 的累计审计年数。

$$Exp_{i,k} = \sum_{1}^{t} \sum_{j=1}^{n} TA_{i,k,j} \tag{6.1}$$

$$Spe_{i,k} = \frac{\sum_{1}^{t} \sum_{j=1}^{n} TA_{i,k,j}}{\sum_{1}^{t} \sum_{j=1}^{N} TA_{i,k,j}} \tag{6.2}$$

（2）审计师声誉（Rep）。目前，在我国审计市场中具备证券期货业务资格的事务所主要包括国际四大事务所和国内本土事务所等40余家，近年来通过市场发展和政府引导相结合的模式，逐渐形成了特殊的市场竞争格局。在此背景下，本书借鉴已有文献的经验，采用中国注册会计师协会公布的各年度会计师事务所数据进行综合评价，分别设置3个变量：①若公司聘请的事务所是国际四大事务所，Big4 取值为 1，否则取值为 0；②若公司聘请的事务所是排名前十的国内事务所，即"本土大所"，则 $GBig$10 取值为 1，否则取值为 0；③若公司聘请的事务所既非国际四大事务所也非"本土大所"，则 $NBig$ 取值为 1，否则取值为 0。

（3）聘期稳定性（$Stab$）。本书采用公司聘请某一家会计师事务所的累计年数测度聘期稳定性，累计聘期越长，说明公司与事务所之间存在重大分歧的概率越低，审计服务合作越稳定。

3. 其他变量

借鉴 Lin 和 Liu（2009）、杜兴强等（2018）的研究经验，在研究模型中纳入其他一些可能影响公司外部审计需求的因素，主要包括：公司基本层面的因素，如公司规模、财务状况、现金流状况、资产报酬率、盈利状况、应收账款比例、产权性质等；公司治理层面的因素，如大股东控股、股权制衡度、两职合一、监事会规模、独立董事比例、高管风格、代理成本、上市年数；会计师事务所层面的因素，如改聘事务所；此外，还包括区域虚拟变量、行业虚拟变量、年度虚拟变量，以控制事务所、行业与区域层面的固定效应（见表6.1）。

表6.1 变量定义

变量类别	变量名称	变量标识	说明
被解释变量	审计行业专长	Exp	基于行业经验积累的测度，见前文
		Spe	基于行业市场份额的测度，见前文
	审计师声誉	$Big4$	国际四大事务所取值1，否则取值0
		$GBig10$	排名前十的"本土大所"取值1，否则取值0
		$NBig$	非国际四大事务所且非"本土大所"取值1，否则取值0
	聘期稳定性	$Stab$	累计聘任年数，见前文
解释变量	公司战略	$Stra$	公司战略指数，见前文说明
控制变量	公司规模	$Size$	年末总资产的自然对数
	财务状况	$Debt$	资产负债率
	现金流状况	CF	每股经营活动现金净流量
	资产报酬率	ROA	净利润除以总资产
	盈利状况	$Loss$	亏损取值1，否则取值0
	应收账款比例	Rec	应收账款除以营业收入
	存货比例	Inv	存货除以营业收入
	公司成长性	TQ	市场价值除以重置成本
	账面市值比	MB	股票市值除以权益总额
	产权性质	$State$	国企取值为1，否则为0
	大股东控股	$Top1$	第一大股东持股比例

续表

变量类别	变量名称	变量标识	说明
控制变量	股权制衡度	Balc	第2~5名大股东与第一大股东持股之比
	两职合一	Dual	董事长与总经理两职合一取值为1，否则为0
	监事会规模	Supv	监事会人数
	独立董事比例	Indp	独立董事数除以董事总数
	高管风格	Gen	高管团队女性比例
	代理成本	Cost	管理费用除以营业收入
	上市年数	List	公司上市总年数
	改聘事务所	Chg	公司改聘事务所取值1，否则取值0
	年度固定效应	Year	年度虚拟变量
	行业固定效应	Ind	行业虚拟变量
	区域固定效应	Region	区域虚拟变量

（二）模型构建

为了检验公司战略定位对审计师选聘策略的影响，借鉴 Lin 和 Liu（2009）、杜兴强等（2018）的研究经验，构建模型（6.3）至（6.5）。其中，MS 表示审计行业专长，采用 Exp、Spe 测度；Rep 表示审计师声誉，采用 $Big4$、$GBig10$、$NBig$ 测度；$Stab$ 表示聘期稳定性；$Controls$ 表示审计师选聘策略的影响因素构成的控制变量组合；$Year$ 表示控制年度固定效应；Ind 表示控制行业固定效应；$Region$ 表示控制区域固定效应，根据公司注册地归属省份设置虚拟变量，控制不同区域的审计中介市场、法治环境的差异。

$$MS_{i,t} = \alpha_0 + \alpha_1 Stra_{i,t} + \sum Controls_{i,t} + \sum Year_{i,t} + \sum Ind_{i,t} + \sum Region_{i,t} + \varepsilon_{i,t} \qquad (6.3)$$

$$Rep_{i,t} = \alpha_0 + \alpha_1 Stra_{i,t} + \sum Controls_{i,t} + \sum Year_{i,t} +$$
$$\sum Ind_{i,t} + \sum Region_{i,t} + \varepsilon_{i,t} \qquad (6.4)$$

$$Stab_{i,t} = \alpha_0 + \alpha_1 Stra_{i,t} + \sum Controls_{i,t} + \sum Year_{i,t} +$$
$$\sum Ind_{i,t} + \sum Region_{i,t} + \varepsilon_{i,t} \qquad (6.5)$$

第三节 实证分析

（一）样本选择

选取2009~2016年我国A股上市公司作为初始样本，遵照研究惯例开展样本筛选程序，最终获得11176个样本观测值。

（二）模型变量的描述性统计

表6.2报告了模型变量的描述性统计结果。公司战略的中位数和均值都是18，说明大部分公司的战略定位属于分析型战略，这与实际情况相符；公司战略的标准差是4.291，说明样本公司的战略定位具有较高的差异识别度。就公司的审计师选聘策略而言，在审计行业专长方面，事务所行业经验积累的标准差为1.660，行业份额的均值为0.054，最小值为0.00002，最大值为0.660，这说明不同事务所的行业经验积累及行业专长具有较高的差异度，能够较好地识别公司选聘的事务所是否具备审计行业专长；在审计师事务所的声誉方面，6.2%的公司选聘国际四大事务所，60.9%的公司选聘本土十大事务所，32.9%的公司选聘本土中小型事务所；在聘期稳定性方面，公司所聘事务所的

平均年数为 7 年多，最长者达 24 年。在模型的控制变量方面，国有公司的比例为 54.1%，公司高管的女性比例（Gen）为 14.3%，公司改聘事务所（Chg）的概率为 10.0%；此外，公司规模、财务状况及现金流状况等变量的数据分布情况也较为合理。

表 6.2 描述性统计

变量	N	mean	sd	p25	p50	p75	min	max
Stra	11176	18	4.291	15	18	21	6	30
Exp	11176	26.714	1.660	25.629	26.809	27.985	22.449	29.733
Spe	11176	0.054	0.053	0.014	0.043	0.076	0.00002	0.660
Big4	11176	0.062	0.241	0	0	0	0	1
GBig10	11176	0.609	0.488	0	1	1	0	1
NBig	11176	0.329	0.470	0	0	1	0	1
Stab	11176	7.687	5.256	3	6	11	1	24
Size	11176	22.230	1.293	21.363	22.100	22.982	19.241	25.969
Debt	11176	0.497	0.210	0.337	0.500	0.656	0.070	0.996
CF	11176	0.409	0.864	0.018	0.292	0.722	-2.525	3.759
ROA	11176	0.033	0.055	0.010	0.029	0.057	-0.199	0.200
Loss	11176	0.114	0.318	0	0	0	0	1
Rec	11176	0.184	0.199	0.039	0.122	0.256	0	1.019
Inv	11176	0.476	0.886	0.099	0.193	0.388	0	5.588
TQ	11176	2.377	2.470	0.857	1.621	2.919	0.203	15.260
MB	11176	0.529	0.253	0.326	0.502	0.716	0.073	1.106
State	11176	0.541	0.498	0	1	1	0	1
Top1	11176	0.345	0.152	0.224	0.322	0.450	0.082	0.750

续表

变量	N	mean	sd	p25	p50	p75	min	max
$Balc$	11176	0.579	0.556	0.153	0.396	0.841	0.003	3.921
$Dual$	11176	0.187	0.390	0	0	0	0	1
$Supv$	11176	3.818	1.215	3	3	5	1	14
$Indp$	11176	0.377	0.070	0.333	0.364	0.429	0.143	0.800
Gen	11176	0.143	0.152	0	0.125	0.222	0	1
$Cost$	11176	0.099	0.093	0.045	0.076	0.117	0.009	0.630
$List$	11176	12.570	5.075	8	13	17	4	26
Chg	11176	0.100	0.301	0	0	0	0	1

（三）单变量检验与相关性分析

表6.3报告了模型主要变量的相关性分析结果。在审计行业专长方面，$Stra$与Exp、$Stra$与Spe之间的相关系数均在1%的水平显著为负，这初步说明公司战略定位越激进，越不偏好行业经验丰富或具备行业审计专长的事务所。在审计师声誉方面，$Stra$与$GBig$10之间的相关系数为0.05且在1%的水平显著，$Stra$与Big4之间的相关系数约为-0.1且在1%的水平显著，$Stra$与$NBig$4之间无显著相关关系，这初步说明公司战略定位越激进，越青睐本土大型事务所，而非国际四大事务所或本土中小型事务所。在聘期稳定性方面，$Stra$与$Stab$之间的相关系数在1%的水平显著为负，这初步说明公司战略定位越激进，对同一事务所的累计聘期越短，稳定性越差。

表 6.3 相关性分析

变量	Stra	Exp	Spe	Big4	GBig10	NBig	Stab
Stra	1	-0.052***	-0.049***	-0.100***	0.052***	-0.003	-0.097***
Exp	-0.069***	1	0.643***	0.172***	0.415***	-0.519***	-0.034***
Spe	-0.064***	0.490***	1	0.161***	0.522***	-0.625***	0.012
Big4	-0.103***	0.173***	0.227***	1	-0.321***	-0.180***	-0.037***
GBig10	0.050***	0.400***	0.352***	-0.321***	1	-0.874***	-0.158***
NBig	0.001	-0.504***	-0.482***	-0.180***	-0.874***	1	0.183***
Stab	-0.102***	-0.015	0.018*	-0.037***	-0.146***	0.171***	1
Size	-0.206***	0.290***	0.223***	0.347***	-0.024**	-0.153***	0.044***
Debt	-0.129***	0.014	0.034***	0.060***	-0.017*	-0.013	-0.020**
CF	-0.099***	0.055***	0.081***	0.156***	-0.023**	-0.056***	0.023**
ROA	0.119***	-0.006	0.022**	0.061***	-0.013	-0.018*	0.015
Loss	-0.028***	-0.040***	-0.034***	-0.035***	-0.001	0.019**	-0.056***
Rec	0.262***	0.152***	-0.074***	-0.089***	0.054***	-0.011	-0.144***
Inv	0.072***	-0.012	0.036***	0.009	0.003	-0.008	0.006
TQ	0.274***	-0.116***	-0.087***	-0.112***	0.044***	0.012	-0.086***
MB	-0.283***	0.152***	0.123***	0.181***	-0.052***	-0.039***	0.082***
State	-0.223***	-0.006	0.079***	0.115***	-0.023**	-0.035***	0.056***
Top1	-0.150***	0.068***	0.103***	0.149***	-0.000	-0.076***	-0.086***
Balc	0.141***	0.011	-0.015	-0.002	0.001	-0.000	-0.022**
Dual	0.092***	0.037***	-0.017*	-0.056***	0.040***	-0.013	-0.028***
Supv	-0.136***	0.026**	0.054***	0.104***	-0.028***	-0.024**	0.047***
Indp	0.017*	0.029***	0.034***	0.011	0.011	-0.017*	0.019**
Gen	0.109***	-0.076***	0.021**	-0.043***	0.039***	-0.018*	0.007
Cost	0.360***	-0.093***	-0.042***	-0.078***	0.041***	-0.002	-0.047***
List	-0.073***	-0.027**	0.036***	0.040***	-0.021**	0.002	0.304***
Chg	0.041***	-0.044***	-0.043***	0.022**	0.021**	-0.033***	-0.376***

续表

变量	Size	Debt	CF	ROA	Loss	Rec	Inv
Stra	-0.194***	-0.144***	-0.132***	0.142***	-0.022**	0.260***	0.150***
Exp	0.240***	0.019**	0.064***	-0.032***	-0.030***	0.174***	0.010
Spe	0.165***	0.022**	0.078***	0.040***	-0.043***	-0.064***	-0.035***
Big4	0.290***	0.062***	0.158***	0.067***	-0.035***	-0.096***	-0.078***
GBig10	-0.017*	-0.014	-0.018*	-0.018*	-0.001	0.063***	0.010
NBig	-0.131***	-0.017*	-0.062***	-0.015	0.019**	-0.016*	0.030***
Stab	0.045***	-0.032***	0.040***	0.019**	-0.063***	-0.126***	-0.024**
Size	1	0.375***	0.264***	0.037***	-0.147***	-0.165***	-0.006
Debt	0.338***	1	0.003	-0.379***	0.144***	-0.161***	0.107***
CF	0.219***	-0.007	1	0.313***	-0.095***	-0.199***	-0.282***
ROA	0.075***	-0.365***	0.250***	1	-0.244***	-0.060***	-0.178***
Loss	-0.149***	0.159***	-0.064***	-0.215***	1	0.010	-0.006
Rec	-0.145***	-0.118***	-0.180***	-0.085***	0.024**	1	0.164***
Inv	0.109***	0.199***	-0.230***	-0.106***	-0.016	-0.051***	1
TQ	0.520***	-0.363***	-0.062***	0.132***	0.087***	0.179***	-0.124***
MB	0.656***	0.425***	0.086***	-0.171***	-0.074***	-0.215***	0.155***
State	0.236***	0.201***	0.098***	-0.084***	0.023**	-0.202***	-0.024**
Top1	0.306***	0.095***	0.118***	0.090***	-0.058***	-0.154***	0.039***
Balc	-0.069***	-0.119***	-0.011	0.025**	0.026**	0.128***	-0.045***
Dual	-0.112***	-0.076***	-0.045***	0.014	0.002	0.122***	0.004
Supv	0.228***	0.135***	0.084***	-0.010	0.010	-0.137***	-0.059***
Indp	0.044***	-0.034***	-0.013	0.014	-0.038***	0.050***	0.027***
Gen	-0.143***	-0.089***	-0.038***	0.050***	-0.030***	0.011	0.068***
Cost	-0.374***	-0.200***	-0.126***	-0.158***	0.133***	0.249***	0.112***
List	0.123***	0.185***	0.010	-0.076***	0.052***	-0.241***	0.144***
Chg	-0.020**	0.033***	-0.012	-0.020**	0.076***	0.030***	0.005

续表

变量	TQ	MB	State	Top1	Balc	Dual	Supv
Stra	0.309***	-0.284***	-0.223***	-0.151***	0.167***	0.091***	-0.141***
Exp	-0.123***	0.125***	-0.014	0.062***	0.024***	0.042***	0.004
Spe	-0.094***	0.093***	0.047***	0.070***	-0.011	0.003	0.014
Big4	-0.157***	0.171***	0.115***	0.140***	-0.006	-0.056***	0.096***
GBig10	0.051***	-0.059***	-0.023**	0.002	0.003	0.040***	-0.032***
NBig	0.028***	-0.027***	-0.035***	-0.074***	-0.000	-0.013	-0.016*
Stab	-0.061***	0.079***	0.024**	-0.079***	-0.019**	-0.022***	0.042***
Size	-0.636***	0.638***	0.221***	0.277***	-0.097***	-0.113***	0.198***
Debt	-0.590***	0.457***	0.205***	0.101***	-0.115***	-0.079***	0.141***
CF	-0.115***	0.133***	0.102***	0.156***	-0.029***	-0.054***	0.099***
ROA	0.286***	-0.241***	-0.096***	0.080***	0.063***	0.021**	-0.027***
Loss	0.045***	-0.076***	0.023**	-0.062***	0.020***	0.002	0.012
Rec	0.238***	-0.230***	-0.200***	-0.157***	0.141***	0.127***	-0.160***
Inv	-0.075***	0.037***	-0.080***	-0.047***	-0.033***	0.032***	-0.071***
TQ	1	-0.973***	-0.307***	-0.196***	0.206***	0.154***	-0.203***
MB	-0.755***	1	0.295***	0.189***	-0.192***	-0.156***	0.196***
State	-0.260***	0.295***	1	0.290***	-0.286***	-0.247***	0.325***
Top1	-0.166***	0.200***	0.282***	1	-0.698***	-0.109***	0.105***
Balc	0.164***	-0.160***	-0.251***	-0.635***	1	0.094***	-0.071***
Dual	0.133***	-0.155***	-0.247***	-0.109***	0.069***	1	-0.140***
Supv	-0.156***	0.201***	0.308***	0.107***	-0.050***	-0.130***	1
Indp	0.025***	-0.005	-0.094***	-0.000	-0.013	0.082***	-0.072***
Gen	0.120***	-0.127***	-0.175***	-0.088***	0.063***	0.078***	-0.111***
Cost	0.430***	-0.364***	-0.168***	-0.218***	0.132***	0.077***	-0.115***
List	-0.096***	0.151***	0.264***	-0.022**	-0.089***	-0.135***	0.114***
Chg	0.035***	-0.022**	0.024***	0.020***	0.004	0.014	0.004

续表

变量	Indp	Gen	Cost	List	Chg
Stra	0.015	0.103***	0.445***	-0.071***	0.042***
Exp	0.029***	-0.071***	-0.025***	-0.028***	-0.034***
Spe	0.008	0.039***	-0.057***	0.023**	-0.051***
Big4	0.005	-0.036***	-0.115***	0.039***	0.022**
GBig10	0.008	0.042***	0.071***	-0.020**	0.021**
NBig	-0.011	-0.025***	-0.015	0.000	-0.033***
Stab	0.020**	-0.003	-0.054***	0.210***	-0.462***
Size	0.026***	-0.123***	-0.421***	0.149***	-0.019**
Debt	-0.037***	-0.092***	-0.353***	0.185***	0.032***
CF	-0.006	-0.052***	-0.163***	-0.022**	-0.016*
ROA	0.013	0.055***	-0.030***	-0.096***	-0.014
Loss	-0.032***	-0.032***	0.079***	0.053***	0.076***
Rec	0.037***	0.008	0.365***	-0.262***	0.031***
Inv	0.044***	0.043***	0.154***	-0.019**	-0.004
TQ	0.016*	0.132***	0.467***	-0.177***	0.014
MB	-0.013	-0.127***	-0.433***	0.159***	-0.023**
State	-0.095***	-0.179***	-0.177***	0.265***	0.024**
Top1	-0.013	-0.083***	-0.233***	-0.025***	0.016*
Balc	-0.002	0.072***	0.160***	-0.111***	0.006
Dual	0.073***	0.079***	0.105***	-0.136***	0.014
Supv	-0.073***	-0.112***	-0.137***	0.136***	0.003
Indp	1	0.033***	0.001	-0.045***	-0.013
Gen	0.028***	1	0.063***	0.007	0.011
Cost	0.015	0.044***	1	-0.072***	0.017*
List	-0.048***	0.008	0.017*	1	0.015
Chg	-0.018*	0.009	0.032***	0.014	1

注：***、**和*分别表示在1%、5%和10%的水平上显著相关。

表 6.4 报告了单变量检验结果。首先,采取激进型战略的公司占 10.4%,采取保守型战略的公司(Def_Stra)占 10.3%,大部分公司采取分析型战略(Ana_Stra),占 79.3%。其次,表 6.4 列示的单变量均值 T 检验结果显示:激进型公司相比保守型公司,选聘事务所的行业经验积累与行业份额显著更小,选聘国际四大事务所的概率显著更低,选聘本土十大事务所的概率显著更高,选聘事务所的聘期显著更短,稳定性更差。

表 6.4 单变量检验

战略类型	激进型 ($Off\_Stra=1$)	分析型 ($Ana\_Stra=1$)	保守型 ($Def\_Stra=1$)	激进型 - 保守型 (T-test)
N	1163 (10.4%)	8865 (79.3%)	1148 (10.3%)	
Exp	26.592	26.690	27.023	-0.431*** (-6.128)
Spe	0.048	0.054	0.060	-0.012*** (-8.614)
$Big4$	0.025	0.062	0.101	-0.076*** (-7.635)
$GBig10$	0.649	0.608	0.576	0.073*** (-3.630)
$NBig$	0.326	0.330	0.323	0.003 (0.139)
$Stab$	6.684	7.703	8.581	-1.897*** (-5.370)

注:括号内为 t 值,***、**和*分别表示在 1%、5% 和 10% 的水平上显著。

(四)多元回归分析

为缓解研究样本可能存在的截面异方差及时间序列自相关问题,

本书同时在公司与年度两个维度对估计系数的标准误进行 Cluster 处理。

表6.5报告了公司战略定位与外部审计需求偏好的多元回归分析结果。首先，表6.5第2、第3列的结果显示：在审计行业专长方面，分别以行业经验积累与行业份额作为替代度量指标，可知公司战略的系数均为负数，分别在5%和10%的水平上显著。这说明公司战略定位越激进，越不偏好选聘行业审计经验丰富、具备行业专长的事务所，本书假设6.1得到验证。可能的合理解释是：一方面，已有研究表明战略定位激进的公司通常具有更激进的避税行为，而具备审计行业专长的事务所能够发挥更好的审计监督作用，可能不会迎合公司的此类激进行为；另一方面，具备审计行业专长的事务所通常意味着较高的审计收费标准，这与战略定位激进公司面临较大的费用压力相悖。

其次，表6.5第4~6列的结果显示：在审计师声誉方面，以国际四大事务所作为替代测度指标，公司战略的系数是-0.070，在1%的水平上显著；以本土大所作为替代测度指标，公司战略的系数是0.019，在5%的水平上显著；以本土中小所作为审计师声誉的替代测度指标，公司战略的系数为负但不显著。这说明公司战略定位越激进，越不偏好选聘国际四大事务所，而是青睐本土大所，但不会选聘中小型事务所。其中原因可能有二：一方面，相对于战略定位保守的公司，战略定位激进的公司通常更重视开发新产品和开拓新市场，往往也具有较强的融资需求，因此公司需要在消费者市场、资本市场等塑造更好的市场品牌和良好声誉，那么，公司选聘具备良好声誉的大型事务所无疑向外界传递了有利信号，从而通过绑定审计师声誉的方式满足公司自身对市场声誉的需求；另一方面，战略定位激进的公司在选聘大型事务所时并不青睐声誉更佳的国际四大事务所，重要原因之一是国际四大事务所的审计收费普遍很高，而战略激进公司本身就因开拓市场面临较大的费用支出压力，故退而求其次，选聘本土大所。

最后，表6.5第7列的结果显示：在聘期稳定性方面，公司战略的系数是-0.056，在1%的水平上显著。这表明公司战略定位越激进，在税收筹划方面的需求越强，会计政策与会计估计方法选择的稳定性越差，会计信息处理与披露的手段往往也越激进，这导致公司管理层与外部审计师出现分歧的概率增加，公司解聘并搜寻更为配合的事务所的概率增加，因此事务所聘期稳定性较差，本书假设6.3得到验证。

表6.5 公司战略定位与外部审计需求偏好

变量	审计行业专长		审计师声誉			聘期稳定性
	Exp	*Spe*	*Big*4	*GBig*10	*NBig*	*Stab*
Stra	-0.012**	-0.0003*	-0.070***	0.019**	-0.004	-0.056***
	(-2.341)	(-1.705)	(-2.813)	(2.134)	(-0.371)	(-2.879)
Size	0.270***	0.009***	1.216***	-0.031	-0.379***	0.124
	(10.461)	(8.031)	(8.850)	(-0.509)	(-6.558)	(1.193)
Debt	-0.093	0.002	-1.533**	0.474**	-0.300	-2.334***
	(-0.794)	(0.395)	(-2.056)	(2.088)	(-1.257)	(-5.066)
CF	0.030*	0.002*	0.216***	-0.023	-0.089***	-0.017
	(1.926)	(1.691)	(3.409)	(-0.803)	(-2.589)	(-0.252)
ROA	-0.159	-0.014	3.682	-0.353	0.996*	-0.484
	(-0.520)	(-1.253)	(1.476)	(-0.687)	(1.661)	(-0.409)
Loss	0.005	0.001	-0.061	-0.077	-0.024	-0.270**
	(0.142)	(0.603)	(-0.194)	(-1.036)	(-0.437)	(-1.990)
Rec	0.170	0.002	-0.471	0.178	-0.056	-0.748*
	(1.394)	(0.442)	(-0.672)	(0.776)	(-0.236)	(-1.759)

续表

变量	审计行业专长		审计师声誉			聘期稳定性
	Exp	Spe	Big4	GBig10	NBig	Stab
Inv	-0.049	0.000	-0.255	-0.043	0.086	-0.200
	(-1.430)	(-0.248)	(-1.426)	(-0.756)	(1.431)	(-1.437)
TQ	0.014	0.001*	-0.110	-0.001	-0.031	-0.081**
	(1.285)	(1.723)	(-1.386)	(-0.051)	(-1.403)	(-2.219)
MB	0.001	-0.002	-1.006	-0.322	0.705**	0.449
	(0.006)	(-0.302)	(-1.446)	(-1.123)	(2.169)	(0.863)
State	0.104**	0.006***	0.085	0.260**	-0.298***	-0.119
	(2.118)	(2.961)	(0.326)	(2.527)	(-2.816)	(-0.560)
Top1	0.145	0.009	2.241**	0.165	-0.714*	-4.730***
	(0.749)	(1.039)	(2.536)	(0.430)	(-1.729)	(-5.834)
Balc	-0.003	0.002	0.524**	-0.081	-0.051	-0.687***
	(-0.070)	(1.035)	(2.320)	(-0.960)	(-0.576)	(-3.241)
Dual	0.061	0.001	-0.335	0.097	-0.087	0.282*
	(1.389)	(0.443)	(-1.371)	(1.064)	(-0.898)	(1.678)
Supv	-0.009	0.000	0.005	-0.024	0.009	0.054
	(-0.467)	(0.035)	(0.062)	(-0.697)	(0.232)	(0.731)
Indp	0.025	0.009	-0.564	0.065	-0.249	2.616***
	(0.115)	(0.951)	(-0.418)	(0.140)	(-0.453)	(3.662)
Gen	0.135	0.006	0.788	0.324	-0.477*	-0.071
	(1.012)	(1.054)	(1.217)	(1.180)	(-1.677)	(-0.142)
Cost	0.644***	0.023*	5.241***	-0.177	-0.814*	0.469
	(2.637)	(1.797)	(3.849)	(-0.410)	(-1.801)	(0.427)
List	-0.015***	-0.001***	0.001	-0.013	0.017*	0.328***
	(-3.150)	(-3.180)	(0.031)	(-1.474)	(1.796)	(15.980)
Chg	-0.191	-0.006	0.586*	0.135	-0.290	-6.069***
	(-1.420)	(-1.332)	(1.764)	(0.366)	(-0.757)	(-19.764)
Cons	17.760***	-0.146***	-43.195***	-0.789	9.698***	5.766***
	(34.646)	(-5.850)	(-15.155)	(-0.571)	(7.514)	(2.732)

续表

变量	审计行业专长		审计师声誉			聘期稳定性
	Exp	*Spe*	*Big*4	*GBig*10	*NBig*	*Stab*
Year	控制	控制	控制	控制	控制	控制
Ind	控制	控制	控制	控制	控制	控制
Region	控制	控制	控制	控制	控制	控制
Pseudo R^2 / 调整 R^2	0.572	0.177	0.365	0.099	0.127	0.321
P 值/*F* 值	286.50	38.26	0.000	0.000	0.000	90.97
样本量	11176	11176	11176	11176	11176	11176

注：括号内为 z 值或 t 值，***、**和*分别表示在 1%、5% 和 10% 的水平上显著，变量回归系数的标准误在公司层面与年度层面进行了 Cluster 调整。

第四节　稳健性分析

（一）考虑公司战略稳定性

1. 公司战略稳定性的描述统计

公司战略作为全局性的长远规划，理论上在一定期间内是相对稳定的。表 6.6 报告了公司战略稳定性情况，结果显示：首先，上年公司战略与当年公司战略的相关系数为 0.903，在 1% 的水平上显著；其次，前后年度公司战略指数差异的均值为 1.342，前后年度公司战略指数不变的比例为 24.0%，前后年度公司战略指数差异为 1 的比例为 34.3%，前后年度公司战略指数差异大于 3 的比例为 5.6%。图 6.1 的结果显示上年公司战略与当年公司战略的拟合情况良好。这综合表明，我国上市公司的战略定位在时间维度上具有较强的稳定性，研究样本具有较好的统计意义。

表 6.6 公司战略稳定性情况

Pearson 相关系数	LStra	△Stra 均值	△Stra = 0	△Stra = 1	△Stra > 3
Stra	0.903***	1.342	24.0%	34.3%	5.6%

注：***、**和*分别表示在1%、5%和10%的水平上显著相关。

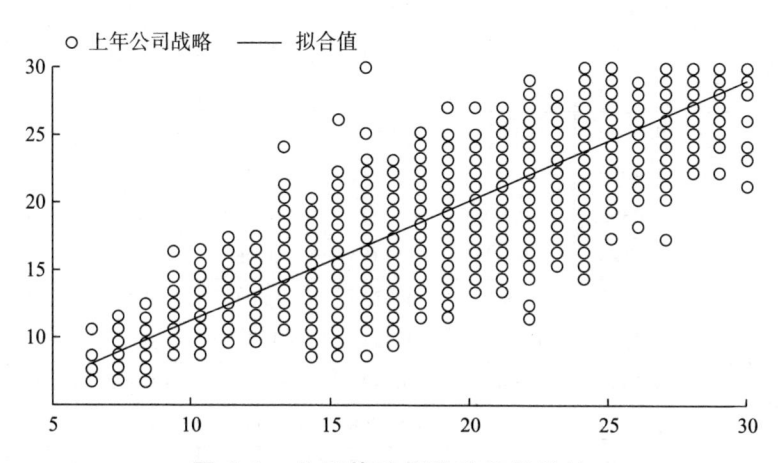

图 6.1 公司战略指数稳定性统计

2. 考虑战略稳定性的影响

尽管研究样本公司的战略稳定性较高，但考虑到少数样本公司的战略定位仍存在不稳定性，本书将前后年度公司战略指数差异大于3的样本（约5.6%）予以剔除，表6.7报告了考虑公司战略稳定性的回归结果，结果显示：在考虑公司战略稳定性的潜在影响之后，研究结论与前文一致。

表 6.7 考虑公司战略的稳定性

变量	审计行业专长		审计师声誉			聘期稳定性
	Exp	Spe	Big4	GBig10	NBig	Stab
Stra	-0.014**	-0.0004*	-0.067**	0.016*	-0.003	-0.061***
	(-2.507)	(-1.930)	(-2.520)	(1.662)	(-0.250)	(-2.758)

续表

工具变量法	审计行业专长		审计师声誉			聘期稳定性
	Exp	Spe	Big4	GBig10	NBig	Stab
Size	0.269***	0.009***	1.201***	-0.021	-0.397***	0.121
	(10.244)	(7.313)	(8.440)	(-0.346)	(-6.851)	(1.063)
Debt	-0.0500	0.003	-1.352*	0.486**	-0.319	-2.545***
	(-0.425)	(0.628)	(-1.827)	(2.175)	(-1.335)	(-4.844)
CF	0.025	0.001	0.214***	-0.0390	-0.075**	-0.028
	(1.401)	(1.332)	(3.381)	(-1.223)	(-2.132)	(-0.386)
ROA	0.035	-0.008	4.056	-0.039	0.615	-0.591
	(0.118)	(-0.674)	(1.491)	(-0.065)	(0.863)	(-0.401)
Loss	0.009	0.001	0.012	-0.086	-0.020	-0.209
	(0.215)	(0.443)	(0.037)	(-1.311)	(-0.424)	(-1.323)
Rec	0.203	0.005	-0.423	0.291	-0.139	-0.996*
	(1.488)	(0.917)	(-0.568)	(1.167)	(-0.535)	(-1.902)
Inv	-0.060*	-0.001	-0.257	-0.061	0.109*	-0.213
	(-1.789)	(-0.483)	(-1.492)	(-1.034)	(1.848)	(-1.461)
TQ	0.011	0.001	-0.088	-0.008	-0.025	-0.103**
	(0.829)	(1.541)	(-1.199)	(-0.284)	(-0.996)	(-2.089)
MB	-0.024	-0.002	-1.074	-0.342	0.784**	0.413
	(-0.155)	(-0.281)	(-1.503)	(-1.163)	(2.421)	(0.703)
State	0.103*	0.006***	0.072	0.285***	-0.316***	-0.187
	(1.954)	(2.670)	(0.262)	(2.672)	(-2.855)	(-0.811)
Top1	0.238	0.0110	2.407**	0.312	-0.959**	-5.005***
	(1.145)	(1.199)	(2.547)	(0.756)	(-2.122)	(-5.520)
Balc	0.005	0.002	0.557**	-0.064	-0.084	-0.707***
	(0.104)	(1.132)	(2.430)	(-0.692)	(-0.832)	(-3.071)
Dual	0.059	0.001	-0.402	0.121	-0.101	0.335*
	(1.291)	(0.459)	(-1.480)	(1.277)	(-1.022)	(1.663)
Supv	-0.0160	0.000	0.018	-0.0450	0.028	0.073
	(-0.805)	(-0.217)	(0.211)	(-1.213)	(0.708)	(0.925)

续表

工具变量法	审计行业专长		审计师声誉			聘期稳定性
	Exp	*Spe*	*Big*4	*GBig*10	*NBig*	*Stab*
Indp	-0.019	0.008	-0.822	0.064	-0.160	2.854***
	(-0.069)	(0.675)	(-0.579)	(0.119)	(-0.247)	(3.558)
Gen	0.141	0.003	0.751	0.332	-0.479	0.011
	(1.017)	(0.564)	(1.120)	(1.113)	(-1.544)	(0.021)
Cost	0.614**	0.021	5.649***	-0.143	-0.902*	0.277
	(2.183)	(1.597)	(3.719)	(-0.275)	(-1.698)	(0.225)
List	-0.014***	-0.001***	-0.001	-0.008	0.0120	0.320***
	(-2.650)	(-2.762)	(-0.031)	(-0.782)	(1.135)	(14.423)
Chg	-0.216	-0.007	0.666*	0.0960	-0.277	-6.276***
	(-1.402)	(-1.382)	(1.823)	(0.242)	(-0.666)	(-20.030)
Cons	17.787***	-0.143***	-42.626***	-0.988	10.134***	6.277***
	(33.666)	(-5.330)	(-13.917)	(-0.710)	(7.825)	(2.719)
Year	控制	控制	控制	控制	控制	控制
Ind	控制	控制	控制	控制	控制	控制
Region	控制	控制	控制	控制	控制	控制
Pseudo R^2 / 调整 R^2	0.564	0.177	0.354	0.097	0.128	0.309
P 值/F 值	228.60	31.41	0.000	0.000	0.000	79.91
样本量	9311	9311	9311	9311	9311	9311

注：括号内为 z 值或 t 值，***、**和*分别表示在1%、5%和10%的水平上显著，变量回归系数的标准误在公司层面与年度层面进行了 Cluster 调整。

（二）考虑内生性问题

关于公司战略定位对审计师选聘策略之影响的研究结论可能存在内生性问题，原因是公司层面的诸多因素决定着公司的战略定位，包括公司愿景与目标、管理者风格等，同时这些因素也会影响公司的审计师选聘策略，因此，公司战略定位对审计师选聘策略的影响作用可能因潜在遗漏变量导致估计偏误。诚然，公司战略定位与审计师选聘策略之间几乎不存在互为因果的关系，却也无法完全排除变量测度误差等因素导致的内生性问题。鉴于此，本书采取两种方法缓解潜在的内生性问题：第一，控制公司层面的固定效应，缓解遗漏变量问题；第二，采用工具变量法，在本研究情境下可选择滞后一期的公司战略作为工具变量，因为 $LStra$ 与 $Stra$ 之间具有高度相关性，而且 $LStra$ 对当年审计师选聘策略具有一定的外生性。表 6.8 报告了考虑内生性问题后的结果，结果显示：在考虑内生性问题之后，研究结论与前文一致。

表 6.8 考虑内生性问题

控制公司固定效应	审计行业专长		审计师声誉			聘期稳定性
	Exp	Spe	$Big4$	$GBig10$	$NBig$	$Stab$
$Stra$	-0.006*	-0.0002*	-0.001**	0.003*	-0.001	-0.045***
	(-1.745)	(-1.752)	(-2.500)	(1.671)	(-0.861)	(-2.669)
$Cons$	21.219***	-0.038**	-0.005	0.136	0.869***	11.144***
	(52.184)	(-2.417)	(-0.084)	(0.782)	(5.110)	(5.706)
$Year$	控制	控制	控制	控制	控制	控制
Ind	控制	控制	控制	控制	控制	控制
$Region$	控制	控制	控制	控制	控制	控制
$Pseudo\ R^2$/调整 R^2	0.869	0.775	0.884	0.728	0.720	0.718
P 值/F 值	258.70	21.08	0.000	0.000	0.000	28.48
样本量	9311	9311	9311	9311	9311	9311

续表

工具变量法	审计行业专长		审计师声誉			聘期稳定性
	Exp	Spe	$Big4$	$GBig10$	$NBig$	$Stab$
$Stra$	-0.012***	-0.0003**	-0.003***	0.005***	-0.002	-0.070***
	(-3.437)	(-2.454)	(-4.655)	(3.461)	(-1.269)	(-4.985)
$Size$	0.269***	0.009***	0.076***	-0.006	-0.070***	0.124*
	(17.362)	(14.669)	(23.768)	(-0.961)	(-11.200)	(1.943)
$Debt$	-0.055	0.003	-0.044***	0.104***	-0.060**	-2.542***
	(-0.776)	(0.943)	(-3.017)	(3.461)	(-2.111)	(-8.713)
CF	0.025*	0.001**	0.021***	-0.008	-0.013**	-0.030
	(1.762)	(2.361)	(7.002)	(-1.282)	(-2.243)	(-0.504)
ROA	0.008	-0.009	-0.082	-0.020	0.102	-0.496
	(0.031)	(-0.855)	(-1.532)	(-0.182)	(0.980)	(-0.465)
$Loss$	0.011	0.001	0.019**	-0.018	-0.001	-0.217
	(0.282)	(0.447)	(2.417)	(-1.128)	(-0.048)	(-1.396)
Rec	0.190***	0.004	-0.031**	0.055*	-0.024	-0.939***
	(2.606)	(1.374)	(-2.074)	(1.784)	(-0.822)	(-3.111)
Inv	-0.062***	-0.001	-0.010**	-0.014*	0.024***	-0.213***
	(-3.256)	(-1.112)	(-2.420)	(-1.782)	(3.130)	(-2.706)
TQ	0.011	0.001**	0.006***	-0.002	-0.004	-0.102***
	(1.386)	(2.231)	(3.718)	(-0.561)	(-1.317)	(-3.199)
MB	-0.020	-0.002	-0.065***	-0.067*	0.132***	0.395
	(-0.216)	(-0.456)	(-3.497)	(-1.738)	(3.637)	(1.060)
$State$	0.105***	0.006***	0.003	0.062***	-0.065***	-0.195*
	(3.746)	(5.071)	(0.541)	(5.183)	(-5.762)	(-1.686)
$Top1$	0.239**	0.011**	0.111***	0.070	-0.181***	-5.000***
	(2.184)	(2.479)	(4.896)	(1.508)	(-4.112)	(-11.056)
$Balc$	0.004	0.002*	0.032***	-0.013	-0.019	-0.703***
	(0.153)	(1.892)	(5.476)	(-1.116)	(-1.634)	(-6.049)
$Dual$	0.059*	0.001	-0.007	0.024*	-0.017	0.336***
	(1.887)	(0.692)	(-1.029)	(1.807)	(-1.383)	(2.607)

续表

工具变量法	审计行业专长		审计师声誉			聘期稳定性
	Exp	Spe	Big4	GBig10	NBig	Stab
Supv	-0.015 (-1.535)	0.003 (-0.425)	0.004* (1.936)	-0.009** (-2.113)	0.005 (1.240)	0.072* (1.741)
Indp	-0.019 (-0.113)	0.008 (1.151)	0.009 (0.269)	0.018 (0.253)	-0.027 (-0.406)	2.855*** (4.179)
Gen	0.138* (1.751)	0.003 (0.937)	0.024 (1.449)	0.066* (1.954)	-0.089*** (-2.812)	0.024 (0.073)
Cost	0.582*** (3.573)	0.019*** (2.917)	0.199*** (5.917)	-0.052 (-0.748)	-0.147** (-2.250)	0.382 (0.568)
List	-0.014*** (-4.856)	-0.001*** (-5.088)	0.001 (-0.832)	-0.002 (-1.345)	0.002* (1.851)	0.320*** (27.142)
Chg	-0.216*** (-5.592)	-0.007*** (-4.159)	0.031*** (3.860)	0.0210 (1.296)	-0.052*** (-3.355)	-6.277*** (-39.363)
Cons	17.765*** (54.898)	-0.144*** (-10.949)	-1.627*** (-24.298)	0.278** (2.020)	2.349*** (18.028)	6.360*** (4.755)
Year	控制	控制	控制	控制	控制	控制
Ind	控制	控制	控制	控制	控制	控制
Region	控制	控制	控制	控制	控制	控制
Pseudo R^2/调整 R^2	0.564	0.177	0.188	0.109	0.139	0.309
P 值/F 值	0.000	0.000	0.000	0.000	0.000	0.000
样本量	9311	9311	9311	9311	9311	9311

注：括号内为 z 值或 t 值，***、**和*分别表示在1%、5%和10%的水平上显著，变量回归系数的标准误在公司层面与年度层面进行了 Cluster 调整。

（三）考虑政策因素的影响

公司选聘会计师事务所的行为策略可能受到外部政策事件的影响，比如我国审计中介市场于2012年底完成了会计师事务所特殊普通合伙制改革，为避免这一政策因素的干扰，本书剔除了各家会计师事务所转制之前的样本公司予以重新检验。表6.9报告了考虑政策因素的影响结果，结果显示：在考虑转制事件的影响之后，研究结论与前文一致。此外，本书还考虑了其他政策因素的影响，比如在2013年前后发生的由我国财政部引导的大型会计师事务所合并事件，涉及瑞华会计师事务所、致同会计师事务所等，在考虑此类政策因素的潜在影响之后，研究结论依然稳健。再者，本书采用公司改聘事务所的概率作为聘期稳定性的替代测度指标，发现公司战略的回归系数为0.022且在1%的水平上显著，这进一步说明公司战略定位越激进，更换审计师事务所的概率越高，聘期稳定性越差，但限于篇幅，具体实证结果未在表6.9列示。

表6.9 考虑政策因素的影响

变量名称	审计行业专长		审计师声誉			聘期稳定性
	Exp	Spe	$Big4$	$GBig10$	$NBig$	$Stab$
$Stra$	-0.010*	-0.001**	-0.079***	0.023**	-0.002	-0.056**
	(-1.898)	(-2.113)	(-2.962)	(2.230)	(-0.151)	(-2.542)
$Cons$	19.219***	-0.102***	-58.529***	19.464***	-8.868***	4.332*
	(32.686)	(-3.607)	(-18.168)	(9.566)	(-5.220)	(1.955)
$Year$	控制	控制	控制	控制	控制	控制
Ind	控制	控制	控制	控制	控制	控制
$Region$	控制	控制	控制	控制	控制	控制
$Pseudo\ R^2$/调整R^2	0.556	0.184	0.383	0.141	0.167	0.331
P值/F值	209.40	33.51	0.000	0.000	0.000	69.33
样本量	8193	8193	8193	8193	8193	8193

注：括号内为z值或t值，***、**和*分别表示在1%、5%和10%的水平上显著，变量回归系数的标准误在公司层面与年度层面进行了Cluster调整。

第五节　拓展分析

毋庸置疑，公司选聘会计师事务所的策略是一种"未雨绸缪"的行为，选聘合适审计师的目的是迎合公司特定的利益诉求。那么，令人感兴趣的一个问题便是：战略定位激进的公司在选聘会计师事务所方面表现出来的特殊偏好，其根本动机或战略目标是什么？本书试图从三个方面予以解读。

（一）审计意见"收买"

理论上，审计作为公司外部监督机制的重要一环，通过实施严格的审计程序并最终出具客观审计意见的方式，提高了公司财务报告的信息质量，缓解了所有者与经营者之间的信息不对称问题。因此，审计意见直接影响公司在资本市场的声誉，这对公司及管理层的重要性是不言而喻的，对战略定位激进的公司而言更是如此，它们需要塑造良好的市场声誉，因而具有更强烈的审计意见"收买"动机。

首先，为了验证战略定位激进的公司是否成功实现审计意见"收买"的目标从而获得了更有利的审计意见，本书借鉴 Gul 等（2013）的方法计算审计报告激进度（$ARAgg$），该指标的数值越大表示审计报告激进度越高，事务所越不倾向于给客户公司出具非标准审计意见，这意味着公司成功"收买"审计意见的概率越大。审计报告激进度的计算方法：第一步，结合我国审计市场环境，建立审计意见预测模型（6.6），估计审计师出具非标准审计意见（MAO）的概率 P；第二步：$ARAgg = (P - MAO)$，$ARAgg$ 的数值越大表示审计报告激进度越高。在模型（6.6）中，MAO 表示非标准审计意见取值为 1，否则取值为 0；LMAO 表示上期审计意见；QR 表示速动比率。其次，为了考察事务所对不同战略定位公司的审计收费策略，本书采用审计费用额（取自然对数，即 lnFee）作为度量指标。最后，构建回归模型（6.7）和模型（6.8）如下，其中 XControls 与 YControls 分别表示两组不同的控制变量组合，用来控制影响审计报告激进度和审计费用的相关因素。

$$MAO = \alpha_0 + \alpha_1 LMAO + \alpha_2 Size + \alpha_3 Debt + \alpha_4 Big4 + \alpha_5 Inv + \alpha_6 Rec +$$
$$\alpha_7 List + \alpha_8 ROA + \alpha_9 QR + \alpha_{10} Loss + \sum \lambda_n Ind_n + \varepsilon \qquad (6.6)$$

$$ARAgg_{i,t} = \beta_0 + \beta_1 Stra_{i,t} + \sum XControls_{i,t} + \sum Year_{i,t} +$$
$$\sum Ind_{i,t} + \sum AuditFirm_{i,t} + \varepsilon_{i,t} \qquad (6.7)$$

$$\ln Fee_{i,t} = \lambda_0 + \lambda_1 Stra_{i,t} + \sum YControls_{i,t} + \sum Year_{i,t} +$$
$$\sum Ind_{i,t} + \sum AuditFirm_{i,t} + \varepsilon_{i,t} \qquad (6.8)$$

表 6.10 报告了审计意见"收买"与审计收费情况的分析结果。在审计报告激进度模型中，公司战略的回归系数 β_1 为 0.001 且在 10% 的水平显著。这说明公司战略定位越激进，聘请的事务所出具的审计报告激进度越高，越不可能为本应被出具非标准审计意见的客户公司出具非标准审计意见，即公司成功实现了"收买"审计意见之目的。在审计费用模型中，公司战略的回归系数 λ_1 为 0.007 且在 1% 的水平显著，这说明公司战略定位越激进，事务所收取的审计费用越高，这可以理解为一种风险补偿，事务所迎合了公司对审计意见的需求，相应地增加了事务所的审计风险，理应收取更高的费用作为补偿。

表 6.10　审计意见"收买"与审计费用支出

变量	ARAgg	lnFee
Stra	0.001*	0.007***
	(1.758)	(3.672)
Size	-0.003	0.354***
	(-0.850)	(34.435)
Debt	-0.013	0.109***
	(-0.655)	(2.674)
CF	0.002	-0.006
	(1.399)	(-0.592)
ROA	-0.122***	-0.041
	(-3.703)	(-0.332)
Loss	-0.042***	0.067***
	(-8.472)	(5.864)
Rec	-0.014	-0.051
	(-0.855)	(-1.186)
Inv	0.002	-0.053***
	(0.414)	(-5.165)
State	-0.002	-0.096***
	(-0.456)	(-4.814)
Dual	0.001	0.000
	(0.160)	(0.012)
Supv	0.002	-0.015**
	(1.247)	(-2.126)
Indp	0.028	-0.067
	(1.406)	(-1.052)
Gen	0.016	0.054
	(1.311)	(1.322)
Cost	-0.194***	0.488***
	(-2.791)	(5.670)

续表

变量	ARAgg	lnFee
Chg	-0.011*	-0.055**
	(-1.955)	(-2.128)
lnFee	0.009	
	(1.571)	
DA	-0.077**	
	(-2.153)	
Cons	0.206***	6.118***
	(3.122)	(22.474)
Year	控制	控制
Ind	控制	控制
AuditFirm	控制	控制
调整 R^2	0.024	0.637
F 值	2.89	214.70
样本量	10511	10859

注：括号内为 t 值，***、** 和 * 分别表示在 1%、5% 和 10% 的水平上显著，变量回归系数的标准误在公司层面与年度层面进行了 Cluster 调整。

（二）盈余管理目的

已有研究表明，公司战略定位越激进，往往表现出越强烈的盈余管理动机（孙健等，2016）。那么，值得思考的一个问题是：战略定位激进的公司通过特定的会计师事务所选聘策略是否更有助于实现公司的盈余管理目的？换言之，公司选聘的特质事务所是否会迎合公司的盈余管理行为？

首先，本书借鉴 Kothari 等（2005）、Gul 等（2013）等的研究方法，利用 Modified Jones Model 并且纳入业绩变量，估算公司的可操纵性应计利润并以其绝对值作为盈余管理的替代度量指标，记为

DA。其次，为检验特质事务所是否会迎合公司的盈余管理行为，分别设置交乘项进行检验。前文研究表明，战略定位越激进的公司越不偏好选聘具备审计行业专长的事务所，因此本书对审计行业份额按照年度-行业进行排序，将排名后20%的事务所视为非专长事务所，$NSpe$取值为1，否则取值为0，然后设置交乘项$Stra \times NSpe$进行检验。前文研究表明，战略定位激进的公司偏好选聘本土大所，设置交乘项$Stra \times GBig10$，若其系数显著为正，说明受聘的本土大所会迎合公司的盈余管理行为，反之则为不迎合。此外，本书发现公司战略与是否选聘本地事务所（$Local$）之间的相关系数为-0.030且在1%的水平显著，这意味着战略定位激进的公司更有可能舍近求远选聘异地事务所①，这与公司盈余管理动机是否存在关联？因此，本书设置另一个交乘项$Stra \times YGBig10$，其中$YGBig10$为异地的本土大所时取值为1，否则取值为0。前文研究表明，公司战略定位越激进，事务所的聘期稳定性越差，因此本书将事务所累计聘期小于等于3年（1/4分位数）的视为聘期不稳定，$NStab$取值为1，否则取值为0，然后设置交乘项$Stra \times NStab$进行检验。

表6.11报告了盈余管理目的与税收规避目的的分析结果。第2列结果显示：以DA作为盈余管理的替代度量指标，公司战略的回归系数显著为正。这说明公司战略定位越激进，盈余管理程度越高，这与孙健等（2016）的研究结论吻合。第3列结果显示：交乘项$Stra \times NSpe$、$Stra \times GBig10$的系数为正但不显著，交乘项$Stra \times NStab$的系数显著为正。这说明战略激进公司选聘的本土大所未能充分发挥外部审计监督职能，而且不具备行业专长、聘期不稳定的事务所

---

① 本书界定异地事务所的方法是根据公司年报签字审计师的姓名判断其所属分所，若分所归属省份与公司注册地归属省份一致则为本地所，若二者不一致则为异地所。

在一定程度上迎合了战略激进公司的盈余管理行为。第 4 列结果显示：进一步考虑战略激进公司在选聘事务所时的"舍近求远"现象，交乘项 $Stra \times YGBig10$、$Stra \times NStab$ 的系数显著为正。这说明战略激进公司偏好选聘异地的本土大所，不但可以获得大所的良好声誉效应，还可以获得事务所在盈余管理方面的"容忍"甚至"配合"，可谓"一举两得"。此外，聘期不稳定意味着公司对事务所实施了较大的解聘威胁，损害了审计独立性。上述结果综合说明，基于盈余管理视角，战略定位激进的公司成功地实施了审计师选聘策略，达到了"未雨绸缪"的战略目标，选聘的特质事务所迎合了公司的盈余管理需求。

表 6.11　盈余管理目的

变量	盈余管理（DA）		
$Stra$	0.001*** (4.297)	0.001*** (2.620)	0.0004** (2.087)
$NSpe$		-0.0001 (-0.007)	-0.001 (-0.109)
$Stra \times NSpe$		0.0001 (0.139)	0.0001 (0.286)
$GBig10$		-0.004 (-0.579)	
$Stra \times GBig10$		0.0002 (0.627)	
$YGBig10$			-0.006 (-1.068)
$Stra \times YGBig10$			0.001* (1.916)
$NStab$		-0.011* (-1.720)	-0.010 (-1.548)

续表

变量	盈余管理（DA）		
$Stra \times NStab$		0.001**	0.001**
		(2.489)	(2.275)
$Size$	-0.005***	-0.005***	-0.005***
	(-6.835)	(-6.182)	(-6.286)
$Debt$	0.041***	0.040***	0.040***
	(8.245)	(8.017)	(8.037)
CF	-0.002	-0.002	-0.002
	(-1.025)	(-1.015)	(-1.043)
ROA	0.111***	0.109***	0.110***
	(5.548)	(5.472)	(5.517)
$Loss$	0.011***	0.010***	0.010***
	(5.154)	(4.580)	(4.558)
Rec	-0.006	-0.007	-0.007
	(-1.404)	(-1.461)	(-1.487)
Inv	0.003*	0.003*	0.003*
	(1.659)	(1.768)	(1.735)
$State$	-0.002	-0.003	-0.002
	(-1.250)	(-1.355)	(-1.257)
$Dual$	0.002	0.002	0.002
	(1.346)	(1.300)	(1.377)
$Supv$	-0.001**	-0.001*	-0.001*
	(-2.010)	(-1.882)	(-1.768)
$Indp$	0.000	0.001	0.001
	(-0.069)	(0.134)	(0.107)
Gen	0.004	0.003	0.004
	(0.774)	(0.754)	(0.807)
$Cost$	-0.018	-0.017	-0.016
	(-1.265)	(-1.211)	(-1.149)
$Cons$	0.138***	0.140***	0.142***
	(8.746)	(7.892)	(8.455)

续表

变量	盈余管理（DA）		
Year	控制	控制	控制
Ind	控制	控制	控制
AuditFirm	控制	控制	控制
调整 R^2	0.076	0.078	0.079
F 值	10.73	10.33	10.51
样本量	11176	11176	11176

注：括号内为 z 值或 t 值，***、**和*分别表示在1%、5%和10%的水平上显著，变量回归系数的标准误在公司层面与年度层面进行了 Cluster 调整。

（三）税收规避目的

已有研究表明，公司战略定位越激进，表现出来的税收规避动机越强烈（吕伟等，2014）。那么，值得思考的另一个问题是：战略定位激进的公司通过特定的审计师选聘策略是否更有助于实现公司的税收规避目的？换言之，公司选聘的具备特质的事务所是否会迎合公司的避税行为？

首先，本书借鉴 Manzon 和 Plesko（2002）、陈德球等（2016）的研究方法，采用会计账面与实际税负的差异作为公司避税程度的替代度量指标，记为 BTD，计算方法见公式（6.9）。BTD 反映了会计利润与应纳税所得额之间暂时性差异和永久性差异导致的避税，通常 BTD 越大，公司避税程度越高。其次，与前文同理，为检验特质事务所是会迎合还是监督公司的避税行为，分别设置交乘项进行检验。此外，为了控制公司归属地税收征管政策因素的影响，借鉴曾亚敏、张俊生（2009）的研究方法，采用各地区实际税收与预期税收之差测度公司归属地的税收征管强度差异（*TE*）。

$$BTD = \frac{利润总额 - (所得税费用 - 递延所得税费用)}{年末所得税率} \bigg/ 期末资产总额 \qquad (6.9)$$

表 6.12 报告了考虑税收规避目的的回归结果。第 2 列结果显示：以 BTD 作为避税程度的替代度量指标，公司战略的回归系数显著为正。这说明公司战略定位越激进，避税程度越高，这与吕伟等（2014）的研究结论相吻合。第 3 列结果显示：交乘项 $Stra \times GBig10$ 的系数为负但不显著。这说明本土大所未能充分发挥审计监督职能并抑制客户公司的避税行为。第 4 列结果显示：进一步考虑战略激进公司的舍近求远现象，交乘项 $Stra \times YGBig10$、$Stra \times NSpe$ 的系数显著为正。这说明战略激进公司通过选聘不具备行业专长的异地本土大所策略，成功搜寻到更易配合的事务所，以达到激进避税的目的。总之，基于税收规避视角，研究进一步表明战略定位激进公司实施的审计师选聘策略是成功的。

表 6.12 税收规避目的

变量	税收规避（BTD）		
$Stra$	0.001**	0.0005	0.0004
	(2.353)	(0.909)	(0.107)
$NSpe$		−0.014	−0.021**
		(−1.114)	(−2.097)
$Stra \times NSpe$		0.001	0.001**
		(1.200)	(2.307)
$GBig10$		0.002	
		(0.206)	
$Stra \times GBig10$		−0.0003	
		(−0.491)	
$YGBig10$			−0.019**
			(−2.031)

续表

变量	税收规避（BTD）		
Stra × YGBig10			0.001**
			(2.294)
NStab		-0.009	-0.005
		(-0.949)	(-0.569)
Stra × NStab		0.001	0.0003
		(0.954)	(0.510)
Size	-0.004*	-0.004*	-0.004*
	(-1.772)	(-1.772)	(-1.781)
Debt	-0.011	-0.011	-0.010
	(-1.306)	(-1.312)	(-1.303)
CF	-0.010***	-0.010***	-0.010***
	(-7.534)	(-7.572)	(-7.556)
ROA	0.718***	0.718***	0.718***
	(20.841)	(20.766)	(20.659)
Loss	0.007***	0.007***	0.007***
	(4.220)	(4.405)	(4.141)
MB	0.081***	0.081***	0.081***
	(6.524)	(6.487)	(6.444)
State	-0.001	-0.001	-0.001
	(-0.298)	(-0.283)	(-0.185)
Top1	-0.030**	-0.030**	-0.030**
	(-2.436)	(-2.444)	(-2.435)
Balc	-0.004	-0.004	-0.004
	(-1.378)	(-1.372)	(-1.389)
Dual	0.000	0.000	0.000
	(-0.122)	(-0.121)	(-0.051)
Supv	-0.002*	-0.002*	-0.002*
	(-1.744)	(-1.736)	(-1.702)
Indp	-0.006	-0.006	-0.007
	(-0.565)	(-0.574)	(-0.628)

续表

变量	税收规避（BTD）		
Gen	0.011 (1.490)	0.011 (1.503)	0.011 (1.528)
$Cost$	0.042** (2.383)	0.042** (2.384)	0.043** (2.400)
$List$	0.001*** (3.448)	0.001*** (3.348)	0.001*** (3.243)
TE	0.007 (1.007)	0.008 (1.064)	0.008 (1.146)
$Cons$	0.056 (1.121)	0.058 (1.151)	0.0670 (1.325)
$Year$	控制	控制	控制
Ind	控制	控制	控制
$AuditFirm$	控制	控制	控制
调整 R^2	0.279	0.279	0.281
F 值	29.12	27.34	27.41
样本量	8668	8668	8668

注：括号内为 z 值或 t 值，***、**和*分别表示在1%、5%和10%的水平上显著，变量回归系数的标准误在公司层面与年度层面进行了 Cluster 调整。

（四）会计师事务所是否因地制宜委派行业专家审计师？

近年来，审计研究领域呈现一种重要趋势：中外学者逐渐将审计问题的研究视角从会计师事务所层面拓展至签字审计师个体层面，已有诸多研究表明作为具体项目审计业务最终执行者和负责人的签字审计师直接决定着审计业务质量（王晓珂等，2016）。因此，会计师事务所作为审计业务承接主体单位，能否根据客户公司的具体特征因地制宜地委派签字审计师决定着审计效率与效果。那么，面对战略定位激进的客户公司,它们存在着盈余管理、税收规避等诸多特殊需求,会计师事务所是否委派了具备客户行业审计专长的行业专家审计师,以控制审计风险、确保审计质量?这是一个现实且重要的问题。

表 6.13 报告了会计师事务所委派签字审计师的情况分析结果,结果显示:无论是以 $Expt1$ 还是 $Expt2$ 作为行业专家审计师的替代测度指标,公司战略的回归系数均显著为负。这说明战略激进公司选聘的特质会计师事务所并未向其委派行业专家审计师以保证审计效果,这也间接印证了战略激进公司成功地通过事务所选聘策略实现了"收买"审计意见、盈余管理及激进避税的目标。对此现象,一种可能的合理解释是:行业专家审计师固然是高审计质量的代表,但同时更是事务所的稀缺资源,事务所是否为某类客户公司委派行业专家的决定因素是多方面的,尤其是事务所为获取高额审计收费而产生配合客户公司的动机时,在可接受的审计风险范围内,控制审计风险以确保审计质量并非事务所考虑的唯一因素,其会通过综合权衡利弊来委派"合适"的签字审计师。

表 6.13 会计师事务所委派签字审计师的情况

变量	行业专家审计师（$Expt1$）	行业专家审计师（$Expt2$）
$Stra$	-0.026*** (-2.997)	-0.038* (-1.856)
$Size$	0.612*** (12.419)	0.557*** (7.159)
$Debt$	-0.746*** (-2.873)	-0.341 (-0.811)
CF	0.035 (1.057)	0.079 (1.538)

续表

变量	行业专家审计师（Expt1）	行业专家审计师（Expt2）
ROA	-1.668**	-0.738
	(-2.184)	(-0.558)
$Loss$	0.211***	-0.068
	(3.640)	(-0.541)
Rec	-0.032	0.075
	(-0.143)	(0.165)
Inv	-0.101	-0.225*
	(-1.543)	(-1.908)
TQ	0.062**	0.051
	(2.085)	(0.946)
MB	0.133	-0.134
	(0.401)	(-0.255)
$State$	0.070	0.341*
	(0.656)	(1.764)
$Top1$	-0.143	0.259
	(-0.392)	(0.407)
$Balc$	0.072	0.142
	(0.782)	(0.847)
$Dual$	0.082	0.102
	(0.986)	(0.650)
$Supv$	-0.004	0.012
	(-0.152)	(0.224)
$Indp$	0.277	-0.017
	(0.675)	(-0.022)
Gen	0.238	0.128
	(1.095)	(0.277)
$Cost$	0.593	0.944
	(1.307)	(1.186)

续表

变量	行业专家审计师（Expt1）	行业专家审计师（Expt2）
List	0.009	0.004
	(1.126)	(0.221)
Chg	-0.417***	-0.250
	(-2.960)	(-1.278)
Cons	-14.443***	-14.101***
	(-14.644)	(-8.458)
Year	控制	控制
Ind	控制	控制
Region	控制	控制
Pseudo R^2	0.113	0.227
P值	0.000	0.000
样本量	11176	11176

注：括号内为z值，***、**和*分别表示在1%、5%和10%的水平上显著，变量回归系数的标准误在公司层面与年度层面进行了Cluster调整。

第六节 本章小结

公司战略定位是公司全局性和长远性的规划，决定着公司的经营模式与目标，也影响着公司的财务决策与结果。诸多学者基于中外证券市场的经验研究表明，公司战略定位会影响公司盈余管理路径、税收规避策略及会计信息质量，丰富了有关公司财务问题的研究成果。然而，人们仍忽视了一个重要的问题：理论上，独立审计作为公司外部治理机制的重要一环，会对不同战略定位下公司管理层的避税策略、会计信息披露等财务决策行为发挥监督作用，那么，在公司实务中，管理层是否会出于公司战略定位的特殊需要"未雨绸缪",通过选聘具备特质的审计师来迎合自身特殊需求?鉴于此,本章采用 2009~2016 年我国 A 股上市公司数据,考察公司战略定位如何影响外部审计需求及其经济后果,实证研究的结果显示了以下 3 点。第一,在审计行业专长方面,战略定位越激进的公司越不倾向于选聘行业专长事务所;在审计师声誉方面,战略定位越激进的公司越偏好选聘本土大所而非国际四大所;在聘期稳定性方面,战略定位越激进的公司对事务所的聘期越短,稳定性越差;在考虑公司战略稳定性、缓解内生性问题后,上述结论依然成立。第二,进一步的研究发现,战略激进公司选聘具备特质的审计师达到了"未雨绸缪"的战略目标:一方面,公司成功"收买"了审计意见;另一方面,选聘的具备特质的审计师未能发挥外部监督职能,反而在不同程度上迎合了战略激进公司的激进避税策略与盈余管理行为。此外,针对战略激进公司,事务所并未委派行业专家审计师,导致审计效果较差。第三,在稳健性测试中,在考虑战略稳定性、内生性等问题之后,研究结论依然稳健。总之,本章基于公司战略视角拓展了审计师选聘策略影响机制的理论研究,也丰富了公司战略影响财务决策的文献研究成果。

第七章
研究结论及政策建议

第一节　研究结论与展望

公司战略定位是公司全局性和长远性的规划，决定着公司的经营模式与目标，也影响着公司的财务决策。基于中外证券市场的经验研究表明，公司战略定位会影响公司的避税行为决策、会计信息质量等。尽管这些前瞻性研究成果的研究深度和广度都有待拓展，但却起到了很好的指示与引领作用，也为本研究的开展提供了文献支持和有益参照。

（一）本书研究结论

本书基于注册会计师的外部审计治理视角，在回顾相关文献的基础上，理论阐述外部审计治理在公司战略定位对公司财务决策影响这一链条中的作用机理，分析这一作用过程的影响因素及约束条件，进而构建注册会计师的外部审计治理与公司战略财务决策之间关系的理论原型。然后，将这一理论原型嵌入我国特定的审计市场环境及法律制度背景，进而得到基于我国特定经济环境和制度背景的签字注册会计师的外部审计治理与公司战略财务决策之间关系的检验模型。最后,根据上述理论原型与检验模型,选取 2009～2016 年我国上市公司作为样本,利用我国上市公司披露的签字审计师信息,分别从公司财务决策的不同角度,对具备审计行业专长的注册会计师如何影响公司战略与财务决策之间的关系进行理论演绎和实证检验,最终形成具体的研究结论。整体而言,本书理论分析与实证研究得到的研究结论主要有以下 4 个方面。

第一,关于公司战略与避税行为。用公司实际税率以及会计账面与实际税负的差异作为公司避税程度的替代测度指标并作为被解释变量,以公司财务经营方面的 6 项子指标赋分形成的公司战略和经审计行业专长测度后的审计专家为解释变量,此外,在研究模型中纳入其他一些可能影响公司避税行为的因素为控制变量,构建数学检验模型,实证分析公司战略定位如何影响公司避税程度,以及审计专家在这一行为过程中发挥的外部治理效应。实证研究的结果显示:公司战略越激进,避税程度越高,但具备行业财税知识专长的审计专家并未迎合公司的战略性避税行为,而是发挥了显著的"监督"效应,有效抑制了激进战略公司的激进避税行为。拓展研究表明:公司避税路径合法性分析发现,激进战略公司的非法逃税程度更高,但审计专家有效抑制了这一非法避税行为;审计专家监督效应的约束机制分析发现,基于客户公司、会计师事务所和审计师个体 3 个维度的考察发现,审计专家监督效应的发挥主要取决于不同客户业务下的审计独立性;公司避税的经济后果分析发现,激进战略公司的激进避税行为能够提升当期公司价值,但会增加公司经营风险,降低财务报告信息质量。

第二,关于公司战略与会计稳健性。以 Khan 和 Watts (2009) 在 Basu 模型基础上改进的稳健性指数 ($C-score$) 作为被解释变量替代测度会计稳健性，以公司财务经营方面的6项子指标赋分形成的公司战略和经审计行业专长测度后的审计专家为解释变量，此外，在研究模型中纳入其他一些可能影响公司会计稳健性的因素为控制变量，构建数学检验模型，实证分析公司战略定位如何影响会计稳健性，以及审计专家在这一行为过程中发挥的外部治理效应。实证研究的结果显示：公司战略越激进，会计稳健性越差，但具备审计行业专长的审计专家能显著弱化激进的战略定位对会计稳健性的负向影响；进一步从客户公司、会计师事务所及审计师个体3个维度考察审计专家治理作用的约束机制，发现审计专家效应的发挥受到事务所规模、行业专长、审计师性别、审计师任期、客户经济依赖度以及产权性质等因素不同程度的制约；通过稳健性测试发现，对审计专家、关键控制变量进行其他替代度量，考虑公司战略类型的具体划分及战略稳定性、内生性等问题之后，研究结论依然稳健。

第三，关于公司战略与外部审计需求。以审计行业专长、审计师声誉、聘期稳定性作为被解释变量，以公司财务经营方面的6项子指标赋分形成的公司战略为解释变量，此外，在研究模型中纳入其他一些可能影响公司外部审计需求的因素为控制变量，构建数学检验模型，实证分析公司战略定位如何影响外部审计需求。实证研究的结果显示：在审计行业专长方面，战略定位越激进的公司越不倾向于选聘具备行业专长的事务所；在审计师声誉方面，战略定位越激进的公司越偏好选聘本土大所而非国际四大所；在聘期稳定性方面，战略定位越激进的公司对事务所的聘期越短，稳定性越差；在考虑公司战略稳定性、缓解内生性问题等之后，上述结论依然成立。进一步的研究发现，战略激进公司选聘特质审计师达到了"未雨绸缪"的战略目标：一方面，公司成功"收买"了审计意见；另一方面，选聘的具备特质的审计师未能发挥外部监督职能，反而在不同程度上迎合了战略激进公司的激进避税策略与盈余管理行为。此外，针对战略激进公司，事务所并未委派行业专家审计师，导致审计效果较差。通过稳健性测试发现，考虑了公司战略稳定性及政策性因素影响，缓解了内生性等问题之后，研究结论依然稳健。

综上所述，本书结合我国特定的审计市场环境及制度背景，理论分析公司战略定位如何影响财务决策，以及审计专家在这一行为过程中如何发挥外部治理效应，并选取我国A股上市公司为研究样本，构建数学模型进行实证检验，从而尽可能细致地呈现公司战略类型差异如何对公司避税程度、会计稳健性以及外部审计需求产生影响，并进一步探求审计专家如何在公司战略对公司财务决策这一影响链条中发挥治理作用。总之，本研究基于审计治理视角系统检验了公司战略定位如何影响公司财务决策的路径选择，拓展了公司财务行为研究领域的文献成果，提供了外部审计参与公司财务治理的经验证据，为该领域的研究提供了源自中国新兴资本市场的理论逻辑和经验证据，也为未来这方面的进一步研究指出了方向。

（二）未来研究方向

不同于以往公司战略与财务决策方面问题的研究，本书首次基于审计的外部治理视角对公司战略—财务决策这一作用链条的影响展开理论分析和实证研究，最终得出研究结论。但限于研究篇幅及个人研究能力，仍存在一些有意义的话题未能在本书予以悉数探讨，有待未来进一步的研究。

一方面，通过梳理已有相关文献，本书借鉴Bentley等（2013）和孙健等（2016）的研究方法，以公司财务经营方面的6项子指标赋分形成的合计值作为公司战略的测度指标，此种度量公司战略的方法可能存在一定噪声，但考虑到相关数据的可获取性，仍旧采取此种度量方式。故此，在后续研究中，若学者们能采用相对外生的一系列非财务数据构建公司战略指数，比如公司董事会会议内容的"基调"、公司高管风格等进行公司战略的差异性测度，预期会是较有价值的研究，且能够更好地缓解战略测度的内生性问题。

另一方面，本书以签字注册会计师个人的审计经验和行业专长作为审计专家的测量方式，并以此作为外部审计治理的切入点，考察审计专家外部审计治理的监督效果。然而，注册会计师的审计执业活动是一项非常复杂的脑力兼体力活动，在这一系列的行为活动过程中所表现出来的个体执业经验和专长也是多方面、多层次的，有的审计师专长经验是可观测、可度量的，而有的审计师专长经验是不可观测或难以度量的。比如，注册会计师个人是否具有审计大型上市公司乃至跨国公司的业务经验？是否曾有频繁的"跳槽"经历？能否保持应有的职业谨慎性与独立性？在执业过程中是否与客户管理层之间存在或建立了"超工具性"的人际关系？是否存在超时审计等违规行为？由他们审计的客户公司是否发生过重大财务重述行为等？囿于篇幅，这些内容无法在本研究中悉数展现出来，但是它们都有可能会对注册会计师的专长经验、胜任能力、形式或实质的独立性造成或多或少的影响，进而影响最终的审计专家水平测度。这些重要且现实的问题有待未来深入研究与解读，这将能够为加强我国注册会计师行业监管、提高审计行业服务水平提供有益参考。

第二节　政策建议

众所周知，审计的最终目标是提升被审计单位财务报告信息的可信度并保护广大投资者的合法权益，这一职业功能的发挥有赖于审计工作的质量，这一切又与审计实务的直接执行者——签字注册会计师的行业专长密切相关。根据本书理论分析与实证研究结论，签字注册会计师的个体行业经验积累会对其专业能力及审计独立性产生不同程度的影响，进而影响外部治理效果。鉴于此，本书结合目前我国注册会计师行业的发展特点及相关制度背景，主要从注册会计师的综合素质提升、事务所治理机制的完善以及对审计师执业行为的引导与监管3个方面，提供一些政策建议。

（一）加强注册会计师个人综合素质提升

注册会计师审计作为智力密集型行业，从业人员的综合素质尤为重要。根据本书的理论分析与实证研究结论，丰富的执业经验及较高的执业集中度都有助于注册会计师个人专业能力的培养与发挥。故此，本书建议从以下几个方面提升注册会计师个体的综合素质。

1. 专业教育与职业培训并重

注册会计师个人专业能力的培养过程大致可分为知识性阶段和程序性阶段。其中，知识性阶段是基础学习阶段，主要是在高等院校的会计、审计等相关课程学习中完成；程序性阶段是技术与技能的提升阶段，主要是在具体项目审计过程中完成。欲提升注册会计师个体的综合素质，知识性阶段和程序性阶段都是十分重要的。

首先，在知识性阶段，建议重视注册会计师专业教育。本研究表明，签字注册会计师的学历越高、所学专业与财务越相关，专业能力就越强，越有助于确保审计工作质量。故此，建议会计师事务所一方面要重视注册会计师人员的受教育状况，积极引进受过良好专业教育的优秀毕业生；另一方面，会计师事务所应建立合理的激励机制，鼓励注册会计师接受更高层次的专业教育，不断开拓知识视野。

其次，在程序性阶段，应加强注册会计师的职业培训，重视专业人才培养，这不仅包括常规性的职业继续教育培训，更主要的是高层次、高质量的专业人才培养。我国财政部于2005年底正式启动"全国会计领军（后备）人才培养工程"，注册会计师类培养项目是四大项目之一，这为我国注册会计师在职教育培训起到了很好的示范作用与推动作用。要打造我国高水平的注册会计师队伍，仅靠中国注册会计师协会领衔的领军人才培养项目是远远不够的，还需要各级注册会计师行业管理部门的响应与配合，从而实现全国范围内的人才培养辐射效应。具体而言，各地方省（市）注册会计师协会及相关单位应当充分借鉴中国注册会计师协会的领军人才培养模式与经验，结合当地的区域经济发展水平和审计行业实际情况，制定恰当的注册会计师行业人才选拔与培养方案，做到"因地制宜"，实现"因人施教"。同时，各级注册会计师行业管理部门应当充分利用当地的行业人才培训资源，为学员提供专业知识学习、工作经验交流与事务所文化思想碰撞的平台，逐步打造本区域的注册会计师行业人才名片，促进本区域审计行业队伍建设，促进本区域会计师事务所做大做强。这样一来，中国注册会计师协会与地方省（市）注册会计师协会全面推进注册会计师行业人才的培养，逐渐形成各方面广泛参与、上下贯通的人才队伍建设局面，努力打造具备国际竞争力的中国特色审计行业品牌。此外，各个会计师事务所也应当积极配合注册会计师行业的人才培养政策，建立良好的人才培养机制，鼓励本所的优秀注册会计师积极参加行业交流与高端培训，不断提高个人综合素质。要培养理论功底深厚、专业本领过硬且具备国际综合竞争实力的中国注册会计师专业人才，铸造中国特色审计行业品牌，这需要多部门的通力协作、多层次的着力培养、多渠道的正确引导以及多方面的监督管理，这是一项迫在眉睫且意义重大的艰巨任务。

2. 重视审计经验积累，确定合理审计专攻方向

审计行业属于智力密集型的服务行业，注册会计师个人在执业过程中的经验积累是审计专业能力的重要构成部分。本研究表明，注册会计师的个体执业经验越丰富，越有助于准确把握并控制被审计单位的审计风险，降低审计失误或审计失败的可能性。故此，建议会计师事务所管理层重视注册会计师个人的审计经验积累。一方面，应重视不同类型的审计项目之间、同一类型审计项目的不同规模客户之间的审计经验及知识的分析与汇总；另一方面，应重视同一客户审计业务的前后会计年度的审计经验积累，增强前任与后任签字注册会计师之间的问题沟通与经验交流。同时，会计师事务所应考虑为执业经验丰富的"审计专家"与执业经验欠缺的"审计新手"之间搭建良好的交流与学习平台，促进"审计专家"的高效审计技术与技能的传播，促进"审计新手"通过间接学习的方式快速成长，逐步形成良好的事务所内部学习与交流氛围，促进会计师事务所持续健康发展。

注册会计师在某一个或几个行业集中执业，有助于其对该行业客户信息的全面了解，加强对该行业客户相关的审计经验的积累，从而确保审计工作质量，本书实证研究结果支持了这一结论。因此，建议会计师事务所确定注册会计师个人的执业专攻方向。一方面，应引导注册会计师个人恰当选择自己专攻的特定行业，加强对该行业客户知识的全面学习，包括该行业企业产品的生产流程与经营特点、行业发展阶段与现状、行业进入壁垒与平均盈利水平等，从而逐渐形成有关该特定行业的巨量知识集合；另一方面，会计师事务所应避免注册会计师个人盲目专攻，避免因长时间集中于对某行业的固定客户进行审计而丧失其他相关审计知识与技能，避免注册会计师个人与其集中执业的行业客户建立个人关系，干扰审计独立性。

总之，会计师事务所应当在审计质量控制机制范围内，合理引导注册会计师培养审计专攻，提高其专业能力，提供高质量审计服务。

（二）完善会计师事务所治理机制

会计师事务所是注册会计师审计工作的基本依托，完善事务所治理机制是保障注册会计师执业质量的基础。

首先，无论是大型事务所，还是中小型事务所，都必须积极贯彻落实《会计师事务所内部治理指南》，构建客户审计风险控制机制，建立合理的员工绩效考核机制，建立公平的晋升机制，保护广大员工的合法权益，增强员工的组织支持感，提升工作满意度，逐步构建诚信、融合、友好的事务所内部文化氛围，实现真正意义上的"人合"。

其次，会计师事务所应当建立健全内部人才档案，充分考虑各个注册会计师的个体特征，尤其是注册会计师个人的教育经历、执业经验、行业专攻及客户经济依赖程度等特征，这些特征都直接或间接影响注册会计师个体执业能力及审计独立性。然后，根据不同行业、不同规模客户的不同特征，合理配置审计师资源，尤其是要为新客户或重要性水平较高的大客户分配恰当的注册会计师及团队，既要确保审计工作质量，也要避免审计资源浪费，进而提高会计师事务所的综合绩效。

最后，本土会计师事务所在积极响应国家会计专业人才培养工程等政策的同时，应积极探索国际化发展的途径与模式，加强与国际大型事务所的交流与合作，为本所的优秀注册会计师提供赴国外学习与交流的机会，这有助于注册会计师开拓个人视野，提高个人知识层次，丰富个人执业经验。此外，本土会计师事务所可以考虑通过加入国际行业组织、开展境外审计项目合作、与国际事务所建立合作关系等方式,逐步打通本土事务所走出国门、迈向世界的多元化通道。同时,以中国注册会计师协会为代表的行业管理部门,应当鼓励有条件的会计师事务所建立境外分支机构,以我国境外上市公司或国内集团公司的境外分公司为依托,逐步开拓国际市场,实现我国本土会计师事务所的国际化发展。

(三) 加强对注册会计师个人执业行为的监管

众所周知,保障外部治理监督有效性的前提条件是注册会计师执业行为的合法性与合规性。从原则上讲,注册会计师在公司财务报告审计执业活动中必须严格遵守审计准则与职业道德准则的要求与规定,既要保证在形式上独立于被审计单位,更要保证精神上的实质独立性,这是保障审计服务质量的前提。然而,在具体的审计工作实务中,并非每位注册会计师都能严格做到这一点。本书研究结果表明,被审计单位作为注册会计师"衣食父母"的客观事实,使得他们无法摆脱对重要客户的自然"经济依赖",这是注册会计师机会主义行为产生的根本动因所在。此外,被审计客户管理人员不合理干预以及审计市场竞争激烈等因素,也会诱致或迫使注册会计师降低甚至丧失独立性。这些内外部复杂因素的交互融合,无疑会导致注册会计师执业出现违规、合谋或舞弊等行为,进而引致一系列关乎审计服务质量与成效的重要问题。近年来我国证监会、中国注册会计师协会等行业监管部门针对注册会计师审计职业问题出台了一系列行为规范与准则,比如《中国注册会计师职业道德守则》《关于证券期货审计业务签字注册会计师定期轮换的规定》《会计师事务所执业质量检查工作廉政规定》等。不可否认,这些文件或规定的颁布与实施在规范注册会计师执业行为和完善我国审计市场秩序方面发挥了重要的积极作用,但相对于复杂的审计执业工作而言仍然是不足的，在诸多方面需要进一步补充与完善。

1. 完善执业行为监管法规，加大制度执行力度

目前我国关于注册会计师执业行为监管的法规存在一些漏洞或不足之处，比如当签字注册会计师携其客户从一家会计师事务所"跳槽"到另一家会计师事务所时，这种"携客户共进退"的行为会形成一种换"所"不换"师"现象，这种特殊形式的变更反映了签字注册会计师与客户之间的特定人际关系，这种特殊人际关系的存在及延续很可能损害审计独立性，而且签字注册会计师很可能会出于经济利益的考虑，给予这些追随其"跳槽"的老客户以审计调整或审计意见等方面的优待，配合客户实施"审计意见购买"行为。又如，当签字注册会计师到其审计的客户公司担任高层管理人员时，会形成一种"旋转门"现象，这种极具隐蔽性的"旋转门"行为可能对客户的财务报告质量及审计质量产生不利影响。简言之，针对注册会计师个人在执业过程中的流动行为，监管部门应制定并细化相关的"人员流动管理办法"，要求相关的会计师事务所、注册会计师个人及其审计的客户公司披露这些特殊信息，以便投资者及监管者及时获取这些有用信息，从而规范对注册会计师个人流动行为的管理，降低注册会计师机会主义行为发生的概率。

2. 完善违规行为惩戒机制，增强监管震慑作用

正所谓"执法必严，违法必究"，这是保证政策法规实施效果的重点。在我国现有法治体系下，《公司法》《证券法》《注册会计师法》都对注册会计师的虚假陈述行为的民事责任进行了相关规定，而且 2007 年出台的《关于审理涉及会计师事务所审计业务活动中民事侵权赔偿案件的若干规定》进一步具体明确了审计师虚假陈述行为的民事责任。若注册会计师在执业过程中出现与被审计单位进行"串通舞弊""审计合谋"等情节较为严重的违规行为，一旦被监管部门发现，轻则处以警告、罚款，重则处以吊销执照、终身禁入等。可见，我国注册会计师审计职业所面临的法律环境日趋严格，但违规行为惩戒机制有待进一步细化与完善，应明确不同性质、不同严重程度的个体执业违规行为的惩罚措施与责任追究机制。当然，归根结底，监管部门对注册会计师个体执业违规行为的惩戒，其最终目的无非是期望通过不同程度的处罚对注册会计师的执业行为起到一定的事前震慑作用，使其自觉地遵守职业行为准则及规范，确保审计服务的质量。

参考文献

[1] 薄澜、冯阳:《债务契约与盈余管理关系的实证研究》,《财经问题研究》2014年第2期。

[2] 曹越等:《产品市场势力、企业避税与股价信息含量》,《江西财经大学学报》2017年第1期。

[3] 陈德球等:《政策不确定性、税收征管强度与企业税收规避》,《管理世界》2016年第5期。

[4] 陈骏、徐玉德:《内部控制与企业避税行为》,《审计研究》2015年第3期。

[5] 陈旭东、黄登仕:《上市公司会计稳健性的时序演进与行业特征研究》,《证券市场导报》2006年第4期。

[6] 陈艳艳等:《政治联系与会计稳健性》,《南开管理评论》2013年第1期。

[7] 陈智、徐泓:《审计师行业专长的治理效应研究——来自中国上市公司的经验验证》,《现代财经》(天津财经大学学报)2013年第7期。

[8] 陈作华、方红星:《企业避税行为与投资者系统风险估算》,《管理科学》2016年第5期。

[9] 代彬等：《高管控制权、审计监督与激进避税行为》,《经济管理》2016 年第 3 期。

[10] 代彬等：《关系型交易、控制权配置与公司税收规避》,《中央财经大学学报》2016 年第 6 期。

[11] 戴亦一等：《媒体监督、政府质量与审计师变更》,《会计研究》2013 年第 10 期。

[12] 杜兴强、谭雪：《董事会国际化与审计师选择：来自中国资本市场的经验证据》,《审计研究》2016 年第 3 期。

[13] 杜兴强等：《交通基础设施改善抑制了审计师选择的"地缘偏好"吗？——基于中国高速列车自然实验背景的经验证据》,《审计研究》2018 年第 1 期。

[14] 杜兴强等：《政治联系、审计师选择的"地缘"偏好与审计意见——基于国有上市公司的经验证据》,《审计研究》2011 年第 2 期。

[15] 范子英、田彬彬：《税收竞争、税收执法与企业避税》,《经济研究》2013 年第 9 期。

[16] 方红星、刘丹：《内部控制质量与审计师变更——来自我国上市公司的经验证据》,《审计与经济研究》2013 年第 2 期。

[17] 高强、伍利娜：《大股东资金占用与审计师选择的再检验》,《审计研究》2007 年第 5 期。

[18] 耿慧敏、武杏杏：《上市公司变更会计师事务所对会计稳健性的影响研究》,《南京审计大学学报》2016 年第 6 期。

[19] 金鑫、雷光勇：《审计监督、最终控制人性质与税收激进度》,《审计研究》2011 年第 5 期。

[20] 况学文、陈俊：《董事会性别多元化、管理者权力与审计需求》,《南开管理评论》2011 年第 6 期。

[21] 李成等：《董事会内部联结、税收规避与企业价值》，《会计研究》2016 年第 7 期。

[22] 李维安、徐业坤：《政治身份的避税效应》，《金融研究》2013 年第 3 期。

[23] 李志刚、施先旺：《战略差异、管理层特征与银行借款契约——基于风险承担的视角》，《中南财经政法大学学报》2016 年第 2 期。

[24] 刘斌等：《契约执行环境、审计师变更与债务融资》，《审计研究》2015 第 5 期。

[25] 刘慧龙、吴联生：《制度环境、所有权性质与企业实际税率》，《管理世界》2014 年第 4 期。

[26] 刘行：《企业的战略类型会影响盈余特征吗——会计稳健性视角的考察》，《南开管理评论》2016 年第 4 期。

[27] 刘行、李小荣：《金字塔结构、税收负担与企业价值：基于地方国有企业的证据》，《管理世界》2012 年第 8 期。

[28] 刘行、叶康涛：《金融发展、产权与企业税负》，《管理世界》2014 年第 3 期。

[29] 刘颖斐、陈亮：《独董与其他高管的公司治理作用有差异吗？——基于政治关联与审计契约视角的检验》，《审计与经济研究》2015 年第 1 期。

[30] 卢太平、张东旭：《融资需求、融资约束与盈余管理》，《会计研究》2014 年第 1 期。

[31] 吕伟等：《企业战略、税务监管力度与避税行为》，《南大商学评论》2014 年第 4 期。

[32] 吕伟等：《商业战略，声誉风险与企业避税行为》，《经济管理》2011 年第 11 期。

[33] 罗春华等：《注册会计师个人特征与会计信息稳健性研究》，《审计研究》2014年第1期。

[34] 罗进辉等：《审计师-客户公司的地理邻近性与会计稳健性》，《管理科学》2016年第6期。

[35] 罗明琦、赵环：《管理者权力影响审计师选择的经验证据》，《财经问题研究》2014年第11期。

[36] 马光荣、李力行：《政府规模、地方治理与企业逃税》，《世界经济》2012年第6期。

[37] 梅丹、高强：《独立性与行业专长对客户会计稳健性的影响》，《审计研究》2016年第6期。

[38] 任汝娟等：《所有权性质、CEO任期与会计稳健性》，《财经理论与实践》2016年第2期。

[39] 孙光国、赵健宇：《产权性质差异、管理层过度自信与会计稳健性》，《会计研究》2014年第5期。

[40] 孙健等：《公司战略影响盈余管理吗？》，《管理世界》2016年第3期。

[41] 谭雪、杜兴强：《国际化董事会、审计师行业专长与税收规避》，《山西财经大学学报》2015年第11期。

[42] 田高良等：《媒体关注与税收激进——基于公司治理视角的考察》，《管理科学》2016年第2期。

[43] 王成方、刘慧龙：《国有股权与公司IPO中的审计师选择行为及动机》，《会计研究》2014年第6期。

[44] 王化成等：《基于中国背景的内部资本市场研究：理论框架与研究建议》，《会计研究》2011年第7期。

[45] 王化成等：《企业战略影响过度投资吗》，《南开管理评论》2016年第4期。

［46］王小鲁、樊纲、余静文：《中国分省份市场化指数报告（2016）》，社会科学文献出版社，2017。

［47］王晓珂等：《审计师个人经验与审计质量》，《会计研究》2016年第9期。

［48］王雄：《审计委员会能抑制企业避税吗?》，《财经问题研究》2018年第3期。

［49］王裕、任杰：《独立董事的海外背景、审计师选择与审计意见》，《审计与经济研究》2016年第4期。

［50］魏春燕：《审计师行业专长与客户的避税程度》，《审计研究》2014年第2期。

［51］吴联生：《国有股权、税收优惠与公司税负》，《经济研究》2009年第10期。

［52］肖小凤、唐红：《新股发行市场的审计师选择——来自2006年-2008年的数据》，《审计与经济研究》2010年第6期。

［53］谢盛纹、田莉：《CEO权力、审计行业专长与税收激进度》，《审计与经济研究》2014年第5期。

［54］谢盛纹等：《高质量审计、管理层权力与代理成本》，《当代财经》2015年第3期。

［55］薛爽等：《行业专长、审计任期和审计质量——基于签字会计师水平的分析》，《中国会计与财务研究》2012年第3期。

［56］闫焕民等：《审计师搭档稳定性与审计质量——基于团队视角的研究》，《审计研究》2017年第6期。

［57］叶凡等：《审计师规模与审计质量：声誉视角》，《会计研究》2017年第3期。

［58］叶康涛等：《企业战略定位与会计盈余管理行为选择》，《会计研究》2015年第10期。

[59] 余明桂等：《管理者过度自信与企业风险承担》，《金融研究》2013年第1期。

[60] 曾亚敏、张俊生：《税收征管能够发挥公司治理功用吗？》，《管理世界》2009年第3期。

[61] 曾颖、叶康涛：《股权结构、代理成本与外部审计需求》，《会计研究》2005年第10期。

[62] 张娟、黄志忠：《高管报酬、机会主义盈余管理和审计费用——基于盈余管理异质性的视角》，《南开管理评论》2014年第3期。

[63] 张敏等：《企业与税务局为邻：便利避税还是便利征税？》，《管理世界》2018年第5期。

[64] 周泽将、杜兴强：《税收负担、会计稳健性与薪酬业绩敏感度》，《金融研究》2012年第10期。

[65] 祝继高：《会计稳健性与债权人利益保护——基于银行与上市公司关于贷款的法律诉讼的研究》，《会计研究》2011年第5期。

[66] Adhikari, A., et al., "Public Policy, Political Connections, and Effective Tax Rates: Longitudinal Evidence from Malaysia," *Journal of Accounting and Public policy*, 25 (5), 2006.

[67] Ball, R., Shivakumar, L., "Earnings Quality in UK Private Firms: Comparative Loss Recognition Timeliness," *Journal of Accounting & Economics*, 39 (1), 2005.

[68] Barton, J., "Who Cares about Auditor Reputation?" *Contemporary Accounting Research*, 22 (3), 2005.

[69] Basu, S., "The Conservatism Principle and the Asymmetric Timeliness of Earnings," *Journal of Accounting and Economics*, 24

(1), 1997.

[70] Bentley, K. A., et al., "Business Strategy, Financial Reporting Irregularities, and Audit Effort," *Contemporary Accounting Research*, 30 (2), 2013.

[71] Bradshaw, M., et al., "Ownership Structure and Tax Avoidance: Evidence from Agency Costs of State Ownership in China," *Working Paper*, 2013.

[72] Bushman, R. M., et al., "Capital Allocation and Timely Accounting Recognition of Economic Losses," *Journal of Business Finance & Accounting*, 38 (1-2), 2011.

[73] Chandler, A. D., *Strategy and Structure: Chapters in the History of the American Enterprise*. MIT Press, 1962.

[74] Chen, F., et al., "Financial Reporting Quality and Investment Efficiency of Private Firms in Emerging Markets," *The Accounting Review*, 86 (4), 2011.

[75] Chen, K. P., "Internal Control Versus External Manipulation: A Model of Corporate Income Tax Evasion," *Rand Journal of Economics*, 36 (1), 2005.

[76] Chen, S., et al., "Are Family Firms More Tax Aggressive than Non-Family Firms?" *Journal of Financial Economics*, 95 (1), 2010.

[77] Collins, F., et al., "Strategy, Budgeting, and Crisis in Latin America," *Accounting, Organizations and Society*, 22 (7), 1997.

[78] Cullinan, C. P., et al., "Ownership Structure and Accounting Conservatism in China," *Journal of International Accounting, Auditing and Taxation*, 21 (1), 2012.

[79] Defond, M. L., "The Association Between Changes in Client Firm

Agency Costs and Auditor Switching," *Auditing*, 11 (1), 1992.

[80] Desai, M. A., Dharmapala, D., "Corporate Tax Avoidance and High-Powered Incentives," *Journal of Financial Economics*, 79 (1), 2006.

[81] Dichev, I. D., et al., "Earnings Quality: Evidence from the Field," *Journal of Accounting and Economics*, 56 (2–3), 2013.

[82] Dye, R. A., "Auditing Standards, Legal Liability, and Auditor Wealth," *Journal of Political Economy*, 101 (5), 2000.

[83] Dyreng, S. D., et al., "The Effects of Executives on Corporate Tax Avoidance," *The Accounting Review*, 85 (4), 2010.

[84] Edwards, A., et al., "Financial Constraints and Cash Tax Savings," *The Accounting Review*, 91 (3), 2016.

[85] Frank, M. M., et al., "Tax Reporting Aggressiveness and its Relation to Aggressive Financial Reporting," *The Accounting Review*, 84 (2), 2009.

[86] Gaertner, F. B., "CEO After-Tax Compensation Incentives and Corporate Tax Avoidance," *Contemporary Accounting Research*, 31 (4), 2014.

[87] Gul, F. A., et al., "Do Individual Auditors Affect Audit Quality? Evidence from Archival Data," *The Accounting Review*, 88 (6), 2013.

[88] Gupta, S., Newberry, K., "Determinants of the Variability in Corporate Effective Tax Rates: Evidence from longitudinal data," *Journal of Accounting and Public Policy*, 16 (1), 1997.

[89] Habib, A., Hasan, M. M., "Business Strategy, Overvalued Equities, and Stock Price Crash Risk," *Research in International*

Business & Finance, 39, 2017.

[90] Hambrick, D. C., "Some Tests of the Effectiveness and Functional Attributes of Miles and Snow's Strategic Types," *Academy of Management Journal*, 26 (1), 1983.

[91] Hanlon, M., Heitzman, S., "A Review of Tax Research," *Journal of Accounting and Economics*, 50 (2), 2010.

[92] Higgins, D., et al., "The Influence of a Firm's Business Strategy on its Tax Aggressiveness," *Contemporary Accounting Research*, 32 (2), 2015.

[93] Hoopes, J. L., et al., "Do Irs Audits Deter Corporate Tax Avoidance?" *The Accounting Review*, 87 (5), 2012.

[94] Issam, L., Raffaele, S., "How Do Powerful CEOs Manage Corporate Tax Aggressiveness?" *Economics Bulletin*, 34 (3), 2014.

[95] Ittner, C. D., et al., "The Choice of Performance Measures in Annual Bonus Contracts," *The Accounting Review*, 72 (2), 1997.

[96] Jensen, K., et al., "The Geography of US Auditors: Information Quality and Monitoring Costs by Local Versus Non-Local Auditors," *Review of Quantitative Finance & Accounting*, 44 (3), 2015.

[97] Joe, J. R., et al., "Managers' and Investors' Responses to Media Exposure of Board Ineffectiveness," *Journal of Financial & Quantitative Analysis*, 44 (3), 2009.

[98] Johnson, W. B., Lys, T., "The Market for Audit Services: Evidence from Voluntary Auditor Changes," *Journal of Accounting & Economics*, 12 (1), 1990.

[99] Khan, M., Watts, R. L., "Estimation and Empirical Properties of a Firm-Year Measure of Conservatism," *Journal of Accounting*

and Economics, 48 (2), 2009.

[100] Kim, J. B., Zhang, L., "Accounting Conservatism and Stock Price Crash Risk: Firm-Level Evidence," *Contemporary Accounting Research*, 33 (1), 2016.

[101] Kim, K. A., Limpaphayom, P., "Taxes and Firm Size in Pacific-Basin Emerging Economies," *Journal of International Accounting, Auditing and Taxation*, 7 (1), 1998.

[102] Kothari, S. P., et al., "Performance Matched Discretionary Accrual Measures," *Journal of Accounting and Economics*, 39 (1), 2005.

[103] Lafond, R., Roychowdhury, S., "Managerial Ownership and Accounting Conservatism," *Journal of Accounting Research*, 46 (1), 2008.

[104] Law, K. K. F., Mills, L. F., "Taxes and Financial Constraints: Evidence From Linguistic Cues," *Journal of Accounting Research*, 53 (4), 2015.

[105] Lin, Z. J., Liu, M., "The Impact of Corporate Governance on Auditor Choice: Evidence from China," *Journal of International Accounting Auditing & Taxation*, 18 (1), 2009.

[106] Manzon, G. B., Plesko, G. A., "The Relation Between Financial and Tax Reporting Measures of Income," *Tax Law Review*, 55 (3), 2002.

[107] Miles, R. E., Snow, C. C., *Organizational Strategy, Structure and Process*. New York: Mcgraw-Hill, 1978.

[108] Nikolaev, V. V., "Debt Covenants and Accounting Conservatism," *Journal of Accounting Research*, 48 (1), 2010.

［109］ Persakis, A., Iatridis, G. E., "Audit Quality, Investor Protection and Earnings Management During The Financial Crisis Of 2008: An International Perspective," *Journal of International Financial Markets Institutions and Money*, 41, 2016.

［110］ Porter, M. E., *Competitive Strategy: Techniques for Analyzing Industries and Competitors*. New York: The Free Press, 1980.

［111］ Rego, S. O., "Tax Avoidance Activities Of U. S Multinational Corporations," *Contemporary Accounting Research*, 20 (4), 2003.

［112］ Robinson, J. R., et al., "Tax Planning and Financial Expertise in the Audit Committee," *Working Paper*, 2012.

［113］ Rumelt, R. P., *Strategy, Structure, and Economic Performance*. Harvard Business School Press, 1974.

［114］ Snow, C. C., Hrebiniak, L. G., "Strategy, Distinctive Competence, and Organizational Performance," *Administrative Science Quarterly*, 25 (2), 1980.

［115］ Stickney, C. P., Mcgee, V. E., "Effective Corporate Tax Rates the Effect of Size, Capital Intensity, Leverage, and Other Factors," *Journal of Accounting & Public Polic*, 1 (2), 1982.

［116］ Sultana, N., "Audit Committee Characteristics and Accounting Conservatism," *International Journal of Auditing*, 19 (2), 2015.

［117］ Tang, J., et al., "Dominant CEO, Deviant Strategy, and Extreme Performancethe Moderating Role of a Powerful Board," *Journal of Management Studies*, 48 (7), 2011.

［118］ Treacy, M., Wiersema, F., *The Discipline of Market Leaders*. MA: Addison-Wesley, 1995.

［119］ Velury, U., et al., "Institutional Ownership and The Selection of Industry Specialist Auditors," *Review of Quantitative Finance & Accounting*, 21 (1), 2003.

[120] Watts, R. L., "Conservatism In Accounting Part I: Explanations and Implications," *Accounting Horizons*, 17 (3), 2003.

[121] Wu, L., et al., "Local Tax Rebates, Corporate Tax Burdens, and Firm Migration: Evidence from China," *Journal of Accounting and Public Policy*, 26 (5), 2007.

[122] Yunos, R. M., et al., "The Influence of Internal Governance Mechanisms on Accounting Conservatism," *Procedia-social and Behavioral Sciences*, 164 (1), 2014.

[123] Zimmerman, J. L., "Taxes and Firm Size," *Journal of Accounting & Economics*, 5 (2), 1983.

致　谢

　　值本书出版之际，特别感谢参与本书创作的同学们，分别是邱妍、张效烨、李瑶瑶、王子佳及王浩宇，他们在本书数据处理与文稿校对工作中付出了许多宝贵时间。其中，邱妍负责第一、第二章，张效烨负责第三、第四章，李瑶瑶负责第五章，王子佳负责第六章，王浩宇负责第七章。感谢他们的积极参与和团队协作，促进本书顺利出版。

图书在版编目（CIP）数据

公司战略与财务决策：基于审计治理视角 / 闫焕民，李瑞婷著. -- 北京：社会科学文献出版社，2020.4
ISBN 978 - 7 - 5201 - 6341 - 5

Ⅰ.①公… Ⅱ.①闫… ②李… Ⅲ.①公司 - 企业管理 - 战略管理 - 影响 - 财务决策 - 研究 Ⅳ.①F234.4

中国版本图书馆 CIP 数据核字（2020）第 034814 号

公司战略与财务决策：基于审计治理视角

著　　者 / 闫焕民　李瑞婷

出 版 人 / 谢寿光
组稿编辑 / 高　雁
责任编辑 / 颜林柯

出　　版 / 社会科学文献出版社·经济与管理分社（010）59367226
　　　　　地址：北京市北三环中路甲 29 号院华龙大厦　邮编：100029
　　　　　网址：http://www.ssap.com.cn

发　　行 / 市场营销中心（010）59367081　59367083
印　　装 / 三河市尚艺印装有限公司

规　　格 / 开　本：787mm × 1092mm　1/16
　　　　　印　张：14.25　字　数：178 千字

版　　次 / 2020 年 4 月第 1 版　2020 年 4 月第 1 次印刷
书　　号 / ISBN 978 - 7 - 5201 - 6341 - 5
定　　价 / 148.00 元

本书如有印装质量问题，请与读者服务中心（010 - 59367028）联系

▲ 版权所有 翻印必究